국가

서울대클래식

국가 | 플라톤 |

초판 1쇄 발행 2022년 9월 15일

해설·옮김 박성우

펴낸곳 서울대학교출판문화원
주소 08826 서울 관악구 관악로 1
도서주문 02-889-4424, 02-880-7995
홈페이지 www.snupress.com
페이스북 @snupress1947
인스타그램 @snupress
이메일 snubook@snu.ac.kr
출판등록 제15-3호

ISBN 978-89-521-3032-7 04340
978-89-521-3030-3 (세트)

서울대
클래식

국가 | 플라톤 |

박성우 해설·옮김

서울대학교출판문화원

플라톤 조각상

플라톤과 아리스토텔레스(라파엘로의 〈아테네 학당〉 중에서)

머리말

플라톤의 《국가(*Politeia*)》만큼 오랫동안 많은 사람이 읽어 온 고전도 흔치 않다.[1] 특히 서양 문명권에서 《국가》는 지난 수천 년 동안 지식인들의 필독서였다. 고전의 권위는 우리에게 '필독의 의무'마저 부과하는 듯하다. 그러나 고전의 권위에 무작정 굴복할 생각이 아니라면, 우리는 2천 4백여 년 전 다른 문명권에서 탄생한 이 고전을 왜 읽어야 하는가?"라는 질문에 스스로 대답할 필요가 있다.

오늘날 우리는 《국가》가 저술된 시대와는 판이하게 다른 환경에서 살고 있다. 정치, 경제, 사회, 문화, 과학기술 등 삶의 모든 영역이 '모던'을 넘어 '포스트모던'의 시대에 진입해 있다. 특히 과학기술 분야에서 우리는 바이오 공학과 인공지능, 로봇기술 등의 발전으로 과거에는 상상조차 하지 못했던 새로운 시대를 맞고 있다. 급변하는 21세기를 사는 우리에게 필요한 지혜를 기원전 4세기의 서양 고전에서 구한다는 것은 시대착오적인 발상이 아닐까? 이러한 질문과 마주하게 된다면 이 고전을 공들여 읽어야 할 보다 강력한 동기가 필요하다.

일반적으로 고전을 읽는 동기는 사색의 모티브와 지혜를 얻기 위함이라고 할 수 있다. 그렇다면 플라톤의 《국가》가 제공하는 사색의 모티브와 지혜는 무엇인가?

이에 답하기 위해서는 우선 어떤 저작이 고전이라는 지위를 갖게 된 것은 그것이 '인간사(人間事, human affairs)'의 가장 보편적인 문제에 천착하고 있기 때문이라는 점에 주목할 필요가 있다. 인간사의 구체적인 모습은 시대와 장소에 따라 다르기 마련이지만, 고전은 그 상이한 모습 속에서 보편적으로 존재하는 인간사의 본질을 꿰뚫어 밝혀 준다. 이런 맥락에서 고전의 저자는 동시대인뿐 아니라 인류의 전 세대를 독자로 상정한다. 말하자면, 고전의 저자는 인간사의 보편적인 주제를 다룸으로써 저작의 영원성을 추구한다. 그렇다면 《국가》에 담긴 인간사의 보편적인 주제는 무엇이고, 저작의 영원성을 얻기 위해 플라톤이 구상한 것은 무엇인가?

우선, 제목에서 실마리를 찾아보자. 《국가》의 원제는 정체(政體, regime)를 의미하는 '폴리테이아(politeia)'이고 '정의

(正義)에 관하여'라는 부제가 달려 있다.[2] 플라톤이 《국가》를 저술한 의도가 공동체의 지배 형태, 즉 정체의 문제와 정의의 문제를 결부시키기 위함이라는 것을 가늠케 하는 부분이다.

모든 정치공동체가 정의를 추구한다는 것은 인류가 정치공동체를 이루고 살아온 이래 변함없이 확인되는 사실이다. 문제는 어떤 정치공동체든 무엇이 정의이며, 어떻게 정의를 실현할 것인가에 대해서는 구성원 간에 항상 이견이 존재하기 마련이라는 점이다. 정의 문제를 둘러싼 이견은 종종 심각한 사회적 갈등을 야기한다. 최근의 한국 사회만 보더라도, 무엇이 정의인가를 둘러싸고 '내로남불'이라는 신조어가 유행할 정도로 상이한 정의관이 대립하고 있다. 미국 사회 역시 '흑인의 생명도 소중하다(Black Lives Matter)'라는 거리의 외침이 있을 만큼 사회 정의가 위협받고 있다는 인식이 팽배하다. 유럽에서도 난민 문제를 둘러싸고 국익과 글로벌 정의 사이에 갈등이 노출되고 있다. 이처럼 정의 문제는 21세기 전 세계 어느 곳에서나 가장 중요한 화두인 동시에 미해결 과제로 남아 있다.

《국가》의 시대적 배경이 되는 기원전 4세기의 아테네도 사정이 크게 다르지 않았다. 펠로폰네소스 전쟁이 끝난 뒤 아테네는 사람들이 정의의 존재 자체를 의심할 정도로 도덕적 타락이 극심했고, 이는 공동체의 근간을 흔드는 심각한 문제로 대두됐다. 기원전 4세기의 아테네나 21세기의 세계 각국이 마찬가지로 정의 문제에 골몰하고 있다는 사실은 정의 문제야말로 인류가 풀어야 할 가장 보편적인 과제임을 새삼 환기시킨다.

앞서 언급한 바와 같이 《국가》는 제목과 부제를 통해서, 정치공동체 안에서 정의를 추구하는 것이 정체 혹은 국가의 유형과 긴밀하게 연결된다는 점을 암시한다. 국가와 정의의 연계는 정의를 실현하는 것이야말로 국가가 수행해야 할 가장 중요한 일이라고 믿는 이들에게는 당연한 것이다. 문제는 국가가 추구해야 할 정의가 무엇이고, 그것을 실현하기 위해 국가는 무엇을 해야 하는가에 대해서 심각한 이견이 존재한다는 것이다.

정의 실현을 국가의 주요 목표로 간주하는 한, 플라톤의 《국가》는 우리가 반드시 참고해야 할 고전이다. 물론 《국가》에 제시된 정의의 규정이나 구체적인 실천 방안이 21세기에도 여전히 유효한지 여부는 판단이 필요한 부분이다. 그러나 지금까지 수천 년간 인류가 플라톤의 《국가》를 옆에 두고 정의 문제를 고민해 왔다는 것은 그만큼 이 고전이 보편적 교훈을 제공해 줄 것이라는 기대를 저버리지 않았음을 의미한다. 우리 역시 이 고전과 함께 정의 문제를 검토해 볼 필요가 있다.

이 책은 크게 '해설'과 '발췌역'으로 나뉜다. '해설'에서는《국가》읽기를 둘러싼 주요한 학술적 쟁점을 소개하고 있다. 독자는 이 '해설'을 통해서《국가》전체의 구도를 파악하는 것은 물론이거니와 플라톤의 의도와 이 고전의 현대적 의의에 대해서도 음미해 볼 수 있는 기회를 가질 것이다. 뒷부분에《국가》의 텍스트를 발췌·번역하여 실었고 해당 부분의 위치와 주제를 밝혔으므로, '해설'을 읽을 때나《국가》전체를 정독하기 전후에 참고할 수 있는 자료가 될 것이다.

이제 이 책과 함께《국가》를 읽어 나가면서 이 고전이 어떤 의미에서 21세기를 사는 우리에게도 여전히 유용한 지혜를 제공하는지 확인해 보기 바란다.

2022년 7월

박성우

차례

《국가》 해설

《국가》, 어떻게 읽을 것인가

저자의 보편적 의도와 역사적 맥락

우리는 《국가》를 읽음으로써 보편적인 관점에서 정의가 무엇인지를 이해하고, 이를 바탕으로 우리의 구체적인 문제를 해결하는 데 도움받기를 원한다. 이러한 목적을 달성했을 때 고전으로서의 의의를 살려 《국가》를 읽었다고 말할 수 있다. 이처럼 고전의 의의를 살려서 읽는다는 것은 고전이 다루고 있는 인간사의 보편적인 문제에 접근하고, 나아가 그것의 현재적 의미를 되새기는 것을 의미한다. 이러한 고전 읽기의 목적을 달성하려면 적절한 '읽기'가 수반되어야 한다. 그러면 어떻게 읽는 것이 이 고전을 '잘' 읽는 것인가?

무엇보다 저자의 저술 의도를 정확히 파악하는 것이 중요하다. 저자의 의도를 고려하지 않고 읽더라도 예기치 않게 의미심장한 사유가 촉발될 수 있다. 더러는 인문학적 상상력이나 사회과학적 영감을 얻을 수 있을지도 모른다. 그러나 저자의 의도와 무관한 독서의 부수적인 결과물은 고전 읽기의 진정한 목적을 달성한 것으로 보기 어렵다. 그렇다면 《국가》를 '잘' 읽기 위해서는 무엇을 고려해야 하는지 살펴보자.

인간사의 보편적인 문제와 그 본질에 접근하고자 하는 고전 읽기 본연의 목적은 저자의 의도를 정확히 파악할 때 비로소 달성된다. 따라서 《국가》를 '잘' 읽기 위해 반드시 필요한 것은 이 저작을 통해 플라톤이 의도한 바가 무엇인지 파악하는 것이다.

저자의 의도를 파악하기 위해서는 텍스트를 꼼꼼하게 살펴봐야겠지만, 그 전에 저자가 속한 구체적인 맥락(context)에 대한 이해가 선행되어야 한다. 따라서 《국가》를 저술한 플라톤의 의도를 파악하기 위해서는 플라톤이 처해 있었던 사회·경제·문화적 배경은 물론, 당시의 지적 배경 등 소위 저작이 탄생한 맥락을 이해할 필요가 있다. 플라톤의 궁극적인 의도가 인간사의 보편적인 문제를 시공을 초월한 독자를 대상으로 전달하는 것이라고 하더라도, 여전히 맥락적(contextual) 이해가 필요한 것은 그가 사용한 글의 소재가 고대 그리스라는 시공간에 존재하기 때문이다. 플라톤의 첫 번째 독자가 동시대를 살았던 아테네인이라는 것 또한 맥락적 이해를 필요로 하는 이유다. 역설적으로 들릴지 모르지만, 플라톤의 보편적 문제의식을 제대로 이해하기 위해서는, 그 보편성이 특수한 역사적 맥락에서 어떻게 전개됐는지 이해하는 것이 필수적이다. 다만, 이러한 역사적 맥락의 이해가 저자의 보편적 의도를 상쇄하는 결과를 초래하지 않도록 유의해야 한다.

역사적 특수성과 보편적 의도를 조화시키는 것은 다소 미묘한 문제를 안고 있다. 예컨대, 《국가》에 담겨 있는 여성에 대한 편견이나 민주주의 폄하 등을 플라톤이 속해 있던 당시의 맥락에서 이해하는 한편, 여성이나 민주주의에 대한 플라톤의 입장을 당시의 역사적 맥락으로 간단히 환원시켜 버리는 오류를 범해서는 안 된다. 물론 민주주의 제도나 문화는 당시의 역사적 맥락에서 이해될 필요가 있다. 하지만 민주주의에 대한 플라톤의 입장마저 역사적으로 환원시켜 성급하게 정당화하거나 비난해서는 안 되며, 보편적인 관점에서 객관적으로 평가해야 한다. 또한 민주주의와 관련하여 우리 역시 특수한 역사적 맥락에 속해 있음을 인정해야 한다. 우리의 민주주의관이 플라톤의 민주주의관보다 무조건 우월하다고 단정할 수 없다. 플라톤과 우리의 민주주의관을 비교하기 위해서는 객관적이고 보편적인 기준이 필요하다. 우리 스스로 우리 시대의 역사적 맥락에 갇혀 있는 한, 고전이 주는 보편적인 지혜를 얻기는 어렵다. 《국가》가 제시하는 인간사의 본질에 접근하기 위해서 우리는 (자신도 모르게 빠져 있는) 우리 시대의 선입견에서 벗어나야 한다. 이제 역사적 환원주의를 경계하면서 플라톤이 속해 있던 역사적인 맥락에 대해 살펴보자.

《국가》를 저술한 플라톤의 의도를 파악하고자 할 때 떠올려야 하는 가장 중요한 역사적 맥락 가운데 하나는 그가 아테네 제국 쇠퇴기의 인물이라는 사실이다. 플라톤이 태어난 기원전 427년은 아테네가 스파르타와 소위 패권 전쟁을 벌였던 시기다. 그보다 앞서 기원전 490년과 480년에 일어난 페르시아 전쟁은 외부의 공격에 대비하기 위한 동맹의 필요성을 그리스 세계에 각인시켰다. 그러나 그리스 세계의 동맹은 동맹의 주축이 된 스파르타와 아테네의 패권 경쟁으로 이어졌다. 약 50년에 걸친 양국의 패권 경쟁은 급기야 펠로폰네소스 전쟁을 야기했다. 기원전 431년에 개시된 전쟁은 기원전 404년경 아테네가 항복하고 스파르타가 아테네에 과두정(寡頭政)의 괴뢰정부(傀儡政府)를 세우는 것으로 종결됐다. 페리클레스 시대를 정점으로 한때 제국의 지위를 누렸던 아테네는 펠로폰네소스 전쟁에 패하면서 급격히 쇠퇴의 길을 걸었다.

〈국장(國葬) 연설을 하는 페리클레스〉(필립 폰 폴츠, 1853)

플라톤의 소년기와 청년기는 아테네가 패권 전쟁을 치렀던 시기와 일치하고, 이후 그가 본격적으로 저술 활동에 매진한 시기는 아테네 제국의 쇠퇴기와 겹친다. 아테네의 국운과 국제적 지위 변화가 철학자 플라톤의 저술 활동에 어떤 영향을 미쳤는지는 속단할 수 없다. 그러나 그의 저술, 특히 정치 저술이 아테네의 쇠퇴기에 쓰였다는 사실은 텍스트를 이해하는 데 반드시 고려해야 할 요소 가운데 하나다.

전쟁에서의 패배는 경제적 손실을 가져왔을 뿐 아니라 정치공동체의 연대성 붕괴와 도덕성 타락에도 영향을 미쳤다. 더구나 제국의 지위와 함께 경제적 풍요와 문화적 자부심을 누렸던 아테네의 쇠퇴는 도덕성의 심각한 타락을 초래했다. 공동선(共同善)보다 개인의 성공만을 추구하는 개인주의가 팽배했고, 이러한 경향에 힘입어 소피스트가 득세했다. 소피스트의 수사술이 아테네인들에게는 개인적인 성공을 보장해 주는 수단으로 여겨졌기 때문이다.

이와 같이 플라톤의 《국가》에는 아테네인들의 도덕성 타락과 이에 따른 소피스트의 득세가 배경으로 깔려 있다. 아울러 플라톤은 이러한 상황을 초래한 국제정치에 주목한다. 《국가》의 국제정치적 요소는 지금까지 대체로 주목받지 못한 부분이기 때문에 생소하게 들릴지 모른다. 그러나 펠로폰네소스 전쟁을 겪고, 아테네 제국의 쇠퇴를 목도한 플라톤이 공동체의 정의 문제를 다루면서 공동체의 생존과 번영에 직결된 국제정치를 심각하게 고려했다고 보는 것이 오히려 자연스럽다.[3] 《국가》에 나타난 국제정치적 요소는 뒤에서 좀 더 자세히 살펴볼 것이다.

《국가》의 독자가 염두에 두어야 할 또 다른 역사적 맥락은 '소크라테스의 죽음'이라는 사건이다. 플라톤이 소

〈소크라테스의 죽음〉(자크 루이 다비드, 1787)

크라테스의 제자였다는 것과 함께, 소크라테스가 아테네의 배심원 법정에서 사형 판결을 받고 처형당했다는 것은 너무나도 잘 알려진 사실이다. 소크라테스의 법정 변론에 따르면, 그에 대한 기소는 그의 철학적 활동에 대한 오해와 편견에서 비롯된 것이었다. 소크라테스는 자신에게 내려진 델포이 신탁의 의미를 천착하는 과정에서 동료 시민들을 대상으로 '무엇이 가치 있는 삶인가'를 캐물었고 이러한 활동을 일생의 소명으로 여겼는데, 이것이 아테네인들에게 강한 반감을 불러일으켰다는 것이다. 소크라테스의 주장이 옳다면, 아테네인들은 철학적 활동에 매진한 소크라테스를 부당하게 기소하고 처형한 것이다. 역사적으로 보면, 아테네 민주정이 세운 배심원 법정이 소크라테스의 철학적 활동을 정치적으로 핍박한 장본인이다.

플라톤은 소크라테스의 죽음을 어떻게 받아들였을까? 우리의 관심사는 소크라테스의 죽음이 플라톤의 철학적 활동에 어떤 영향을 미쳤으며, 그의 저술에 어떻게 반영되었는가 하는 점이다. 플라톤은 무고한 자신의 스승을 처형한 아테네 민주정에 환멸을 느꼈다고 서술한 바 있다(「제7편지」 325c). 이러한 진술을 근거로 몇몇 플라톤 연구자들은 플라톤이 소크라테스의 죽음을 계기로 반(反)민주적인 성향을 갖게 됐다고 확신한다. 특히 20세기 플라톤 연구자들 중 다수는 플라톤의 반민주적 성향을 전제로 그의 정치철학을 평가한다.[4] 이들은 플라톤이 소위 '철인왕(哲人王) 구상'을 통해 소크라테스와 같은 철학자가 더 이상 무지한 다수에 의해 희생당하는 일이 없도록 하는 것을 목표로 했다고 해석한다. 이들에 따르면, 플라톤의 정치철학은 민주주의에 대한 철학의 반격이다.

소크라테스를 처형한 아테네 민주정에 플라톤이 반감을 품었을 거라고 가정하는 것은 무리가 아니다. 그러나 이러한 가정이 플라톤 정치철학 전체가 민주정과 민주주의에 대한 공격이라고 단정하는 근거가 될 수는 없다. 물론 《국가》에는 민주주의에 대한 비판적 견해가 포함되어 있다. 하지만 그러한 견해는 텍스트의 맥락에 따라 다르게 해석될 여지가 있다. 텍스트의 맥락을 무시한 채, 플라톤의 민주주의 비판을 소크라테스의 죽음이라는 역사적 맥락에 환원시켜 '플라톤의 반민주성'을 기정사실화하는 것은 《국가》를 저술한 플라톤의 의도에서 벗어나는 일이다. 《국가》에 나타난 민주주의 비판을 제대로 이해하기 위해서는 이를 저술한 플라톤의 전체적인 의도를 파악해야 한다. 이는 《국가》 전체를 정독한 후에야 가능하므로 그 전까지는 모든 가능성을 열어 놓고 무엇이 전체적인 의도에 부합하는 해석인가 살펴봐야 한다. 가령 플라톤의 민주주의 비판은 아테네 민주정에 대한 혐오에 기인한 것일 수도 있지만, 아테네 민주정의 지속가능한 발전을 위한 것일 수도 있다.

'역사적 소크라테스'와 '플라톤적 소크라테스'

플라톤의 저작은 대부분 소크라테스와 다른 인물 간의 대화로 구성되어 있다.[5] 따라서 《국가》를 비롯해 플라톤의 저작을 읽을 때 반드시 고려해야 할 요소 가운데 하나는 역사적으로 실존했던 소크라테스와 플라톤의 저작 속 등장인물인 '플라톤적 소크라테스'의 관계다.

실존 인물인 '역사적 소크라테스'는 기원전 470년경에 태어나 독특한 '철학적 삶'을 살았고, 아테네의 배심원 법정에서 사형 판결을 받고 처형당한 인물이다. 한편 플라톤의 저작 속 소크라테스는 아테네의 젊은이들이나 타지의 소피스트와 철학적 격론을 펼치는 인물로, 플라톤의 대변자 역할을 하는 극적 창작인물이다. 그러나 작품 속 등장인물인 소크라테스가 역사적 소크라테스와 완전히 분리될 수는 없다. 독자들은 역사적 소크라테스의 이미지를 염두에 두고 플라톤의 저작을 읽을 것이며, 플라톤도 그러한 사실을 의식하고서 대화편을 집필했을 것이기 때문이다. 그렇다고 등장인물로서의 소크라테스가 역사적 소크라테스를 사실적으로 묘사한 것은 아니다. 등장인물로서의 소크라테스와 역사적 소크라테스 사이에는 일정한 간극이 있다. 이 간극의 존재는 플라톤이 소크라테스의 철학을 그대로 계승한 것이 아니라 그의 철학을 발전시키거나 비판한 부분이 있음을 의미한다.[6]

소크라테스의 제자였던 플라톤이 자신의 스승에게서 어떤 철학적 유산을 물려받았고, 무엇을 극복하고자 했는가를 알기 위해서는 우선 소크라테스 철학의 정체성을 밝혀야 한다. 잘 알려진 것처럼, 소크라테스는 어떤 저작도 남기지 않았다. 우리에게 남아 있는 소크라테스 철학의 이미지는 서양 철학의 역사만큼이나 오랫동안 '구성되어 온' 것일 가능성이 크다.[7] 그럼에도 불구하고 우리에게는 그의 삶과 철학을 추정해 볼 수 있는 비교적 확실한 근거가 하나 남아 있다. 소크라테스가 재판정에서 한 변론이 그것이다. 아테네 신을 믿지 않는다는 불경죄와 젊은이들을 타락시킨다는 죄목으로 기소된 소크라테스는 변론을 통해 자신의 삶이 결코 아테네에 해를 끼친 것이 아니라는 것을 증명해야 했다. 그러므로 이 변론이야말로 소크라테스가 자신의 삶 전체를 되돌아보며 철학적 삶을 변호한 것이라고 할 수 있다.[8]

소크라테스의 철학적 삶에서 가장 큰 특징은 그의 철학적 활동이 동료 시민들의 의견을 논박(elenchus)하는 것에 집중되어 있다는 사실이다. 소크라테스의 논박은 단순히 상대를 비난하거나 언쟁에서 이기기 위한 것이 아니라, 질문을 통해 화자들이 가정하고 있는 삶의 원칙에 모순이 존재한다는 것을 깨닫게 하는 과정이다. 우리가 가정하는 원칙이 우리 삶의 가치와 직결된 것이라면, 그것의 내적 모순을 발견하는 일보다 중요한 것이 있겠는가.

소크라테스의 논박은 지금까지 가치 있는 삶이라고 여

겨 왔던 가정들을 돌이켜 보고, 궁극적으로 무엇이 가치 있는 삶인가를 탐구하는 것에 집중되어 있다. 이미 정해 놓은 삶의 방식을 옳다고 믿고 자신의 가치관을 고집하는 이들에게 소크라테스의 논박은 성가신 도전이었을 것이다. 더구나 그는 상대가 내세운 원칙에 모순이 존재함을 지적하면서도 그것을 대체할 만한 새로운 원칙을 제시하지는 않았다. 그런 까닭에 소크라테스의 논박을 접한 이들은 자신의 견해에 심각한 오류가 있음을 깨닫지만, 그것을 대체할 만한 대안을 갖지 못한 채 어찌할 바를 모르는 '아포리아(aporia)'에 이르게 된다. 아포리아는 개인의 삶뿐만 아니라, 공동체 전체에도 심각한 타격을 가할 수 있다. 공동체는 공동체적 가치에 대한 확실한 믿음의 토대 위에서 결속과 질서를 유지할 수 있기 때문이다. 따라서 개인적 가치뿐 아니라 공동체적 가치를 회의하게 만드는 소크라테스의 논박은 공동체의 존립을 위태롭게 하는 것으로 비춰질 수 있다. 아테네 법정이 소크라테스를 처형한 것은 그에 대한 편견과 혐오를 넘어 그의 철학적 활동이 공동체를 위협하고 있다는 판단 때문이었다.

플라톤이 소크라테스를 저작의 주인공으로 삼을 수 있었던 것은 역사적 소크라테스의 철학적 활동을 목격하고 경험했기 때문이다. 그러나 플라톤이 역사적 소크라테스의 철학을 그대로 답습한 것은 아니다. 플라톤은 역사적 소크라테스의 철학을 계승하는 한편 그의 철학을 발전시키고 비판하기까지 했다. 플라톤이 역사적 소크라테스를 어떻게 수용했는가는 그의 독특한 글쓰기 방식을 통해서 확인할 수 있다.

플라톤적 글쓰기

플라톤적 글쓰기(Platonic Writing)의 특징은 그의 스승 소크라테스가 어떤 저작도 남기지 않았다는 사실과 무관하지 않다. 앞에서 언급한 것처럼, 소크라테스의 철학적 활동에 있어서 가장 큰 특징은 논박을 통해 주장의 모순을 파헤치고, 끊임없이 캐묻는 것이다. 논박과 캐물음(exetasis)은 특정한 의견을 가진 상대를 전제로 한다. 따라서 소크라테스의 철학은 대화 상대자가 특정되지 않은 일반적인 논술을 통해서는 수행될 수 없다. 소크라테스가 추구하는 지혜와 진리는 통합된 원리에 의해 연역적으로 추론되는 것이 아니라, 상대의 견해를 끊임없이 논박할 때 가능한 것이다. 이렇게 보면, 소크라테스가 저술을 남기지 않은 것은 당연한 일이라 하겠다(《파이드로스》 274b-277a).

반면 플라톤은 소크라테스와 달리 저술을 남겼고, 그의 저작은 《소크라테스의 변명》을 제외하면 모두 대화 형식으로 되어 있다. 이런 연유로 그의 저술을 '대화편'이라고 일컫는다. 그의 저술이 대화편이라는 특징을 갖는다는 것은 어떤 의미가 있는가?

소크라테스가 저술을 남기지 않고 구체적인 인물을 대상으로 철학을 수행했다는 점을 상기할 때, 플라톤의 저술이 대화편이라는 형식을 취한 것은 일견 소크라테스의 철학적 입장과 타협한 것이라고 볼 수 있다.[9] 대화편에 등장하는 인물들 간의 대화는 소크라테스가 시장이나 거리에서 시민들과 행했을 법한 논박과 유사한 측면이 있기 때문이다. 플라톤의 입장에서 소크라테스 철학을 '부활'시키는 방법은 그의 행적과 동일한 특징을 가진 소크라테스를 대화편에 가공의 인물로 등장시키는 방법밖에 없지 않았을까. 이러한 가정은 플라톤의 일부 대화편에서 확인할 수 있다.

'초기 대화편'으로 일컬어지는 일단의 저술에서, 플라톤은 역사적 소크라테스가 사용했을 법한 논박과 아포리아를 묘사한다. 그러나 플라톤의 대화편 중에는 아포리아에서 벗어나 철학적 교의와 원칙이 제시된 것들도 있다. 우리 앞에 놓여 있는 《국가》도 정의(正義)란 무엇인지 확인되지 않는다는 아포리아의 단계를 넘어 가장 보편적이고 확실한 정의를 추구했고, 마침내 그것을 찾아냈다.[10]

요컨대, 《국가》를 저술한 플라톤의 의도를 파악하고자 할 때 반드시 고려해야 할 것은 플라톤이 대화편을 통해서 자신의 철학적 입장을 제시하고 있다는 점이다. 대화편이라는 형식은 글을 매개로 한 철학적 활동은 불가능하다는 역사적 소크라테스의 입장과 저술을 통해 철학적 활동을 수행하고자 한 플라톤의 의도가 반영된 타협점이다. 또한 대화편이라는 형식은 자신의 철학적 입장을 고수한 소크라테스가 결국 정치적 핍박을 받고 처형당했다는 역사적 사실을 고려한 결과로도 해석할 수 있다. 대화편 속 소크라테스의 입장이 플라톤의 입장이라고 미루어 짐작할 수 있지만, 대화편이라는 형식은 소크라테스와 동일한 혐의를 플라톤에게 부과하는 것을 막을 수 있기 때문이다. 플라톤이 대화편의 어디에도 자신을 등장시키지 않은 것도 같은 맥락에서 이해할 수 있다.[11] 요컨대 플라톤의 독특한 글쓰기 방식은 철학적 활동을 했다는 이유로 처형당한 소크라테스의 철학을 어떻게 수용할 것인가를 고민한 플라톤의 선택이었다는 것이다.

플라톤이 대화편 형식으로 글을 쓴 동기를 단정하기는 어렵지만, 그러한 시도가 매우 신중한 선택이었던 것만은 확실하다. 대화편이라는 형식이 신중하게 채택된 만큼 플라톤의 저술 의도를 파악하기 위해서 저술의 내용뿐 아니라 그 형식에도 주목하는 것은 당연하다.

플라톤의 저술은 소크라테스와의 대화 형식이라는 점 외에, 독특한 극적 구성을 갖고 있다는 형식적 특성이 있다. 모든 대화는 특정한 인물들[12] 간에 이뤄지며, 특정한 시점과 장소가 명시적 혹은 암묵적으로 설정되어 있다. 대부분 소크라테스를 주인공으로 하는 대화편이므로, 대화는 소크라테스 살아생전에 있었던 것으로 가정할 수 있지만, 시간상으로 공존할 수 없는 인물들 간의 대화로 구성된 대화편도 있다.[13] 이처럼 각 대화편은 독특한 극적 구성으로 되어 있어서 플라톤의 저술 의도를 온전히 파악하기 위해서는 대화의 형식과 함께 극적 구성에 주목해야 한다. 《국가》도 독특한 극적 구성으로 이루어져 있으며, 그와 같은 극적 구성이 가지는 의미에 대해서는 다음 장에서 자세히 살펴볼 것이다.

정의 문제를 둘러싼 철학적 향연

극적 배경과 등장인물

《국가》 제1권[14]에는 정의에 관한 대논쟁이 어떤 계기로 시작되었는지 보여 주는 극적 배경이 설정되어 있다. 이에 따르면, 소크라테스와 글라우콘은 페이라이에우스에서 열린 종교 행사와 축제에 참여한 후 아테네로 돌아가는 길에 우연히 만난 폴레마르코스 일행으로부터 케팔로스의 집에서 열리는 향연에 참석해 달라는 제안을 받는다(327a-328b, 제1권의 1).[15] 소크라테스 일행은 이 권유를 받아들여 케팔로스의 집으로 향하고, 케팔로스와 노년의 삶에 관해 이야기를 나누는 과정에서 '정의란 무엇인가'를 화두로 긴 논의를 시작한다.

이러한 극적 상황은 플라톤이 설정한 것인 만큼 그 의도가 무엇인가를 따져 볼 필요가 있다. 우선, 등장인물의 면면을 살펴보자. 소크라테스와 동행했던 글라우콘은 플라톤의 큰형으로, 제1권에서는 제한적인 역할을 하지만 제2권부터 소크라테스의 주 대화 상대자가 된다. 역시 제2권부터 소크라테스의 대화 상대자 중 한 사람으로 등장하는 아데이만토스는 플라톤의 작은형이다. 플라톤은 자신의 형제들을 소크라테스의 주 대화 상대자로 삼은 셈이다. 법정 변론에서 밝힌 것처럼 소크라테스는 젊은이들과 많은 시간을 보냈다. 《국가》에서 소크라테스와 동행한 글라우콘 역시 이러한 젊은이 가운데 하나였을 것이다. 특기할 만한 것은 아데이만토스가 소크라테스 쪽이 아니라 폴레마르코스의 일행이었다는 점이다(327c). 아마도 아데이만토스는 트라쉬마코스의 강연을 듣기 위해 케팔로스의 집에 일찍부터 와 있었던 것으로 보인다.

글라우콘과 아데이만토스가 소크라테스와 유지한 물리적 거리가 이들이 얼마나 철학과 가까웠는가를 상징하는 것이라고 한다면, 플라톤은 아데이만토스보다 글라우콘이 더 철학적이라고 암시한 것이다. 그렇다면 이들과 형제지간인 플라톤 자신은 어디에 위치하는가? 물리적 거리와 상관없이 플라톤 자신은 이미 철학적으로 소크라테스와 닮아 있다고 봐야 하는가? 플라톤이 정의 문제를 논하는 자리에 어떤 의도로 자신은 제외하고 형제들만 등장시켰는지 단정하기는 어렵지만, 이 문제는 《국가》를 읽어 나가면서 끊임없이 되물어야 할 질문 가운데 하나다.

향연의 장소를 제공한 케팔로스는 항구 도시 페이라이에우스에서 무기를 거래하는 거류외국인(metoikos)이다. 극의 배경이 되는 시점을 펠로폰네소스 전쟁이 한창이던 기원전 410년경이라고 볼 때,[16] 케팔로스는 무기 거래를 통해 상당한 부를 축적했을 것이다. 거류외국인은 참정권이 없었지만, 상업에 종사하며 얻은 부를 통해 사회적 영향력을 행사했다. 케팔로스 역시 소피스트와 아테네 시민들을 초청하여 향연을 베풀면서 영향력을 과시한 것으로 보인다. 향연에 초대된 소피스트들은 아테네와 같은 민주정 아래서 어떻게 하면 언변으로 정치권력을 획득할 수 있는가를 주제로 강연하는 경우가 많았다. 민주정이 대세였던 아테네에서 이러한 향연이 아테네인들의 관심을 끄는 것은 자연스런 일이다. 바로 이런 자리에 소크라테스와 글라우콘이 폴레마르코스 일행의 강권으로 참석하게 된 것이다.

폴레마르코스는 케팔로스의 아들이다.[17] 그의 이름은 '전쟁'이라는 단어와 '수장'이라는 단어의 합성어로, 그가 제시하는 정의관 역시 전쟁과 관련이 있다. 제1권 도입부에서 소크라테스 일행을 불러 세워 자신의 집에 방문해 달라고 종용할 때도 그는 (농담 섞인 말이지만) 만약 소크라테스가 요청을 거부한다면 완력을 쓸 수도 있음을 내비친다. 그에게 폭력은 늘 하나의 선택지였는지 모른다. 역사적으로 보면, 폴레마르코스 자신이 폭력의 희생물이 되었다. 기원전 404년 아테네에 정변이 발생했을 때 폴레마르코스는 '30인의 참주'에 의해 희생당한 인물이다.

페이라이에우스는 상업과 부를 상징하는 한편 정변에 의한 피바람의 상흔이 남은 도시이기도 했다. 바로 그 도시에서 그것도 머지않아 정변의 제물이 될 폴레마르코스의 집에서 '정의란 무엇인가'를 주제로 심각한 논의가 이루어진 것은 정의가 폭력의 문제와 결부되어 있음을 암시한다.

트라쉬마코스는 《국가》에서 빼놓을 수 없는 주요 등장인물로, 칼케돈 출신의 소피스트다. 당시의 관행에 따르면, 소피스트는 그리스 전역을 돌아다니며 거액을 받고 귀족이나 부유층의 자제들에게 수사학을 가르치는 경우가 많았다. 트라쉬마코스도 이러한 관행에 따라 케팔로스 집에서 열리는 향연에 초대되었을 것이다. 그의 연설을 듣기 위해 많은 사람이 모였을 것이고, 그것은 케팔로스와 폴레마르코스의 영향력을 보여 주는 지표가 되었을 것이다. 소크라테스와 트라쉬마코스에 대해서 아는 사람이라면, 두 사람의 세계관이 극명하게 대립한다는 것도 알고 있었을 것이다. 케팔로스의 향연에 참석한 이들에게 가장 흥미로운 볼거리는 트라쉬마코스와 소크라테스의 조우가 아니었을까. 예상대로 트라쉬마코스는 소크라테스의 논변에 가장 강력하고 호소력 있는 반대 입장을 제시한다. 그러나 《국가》 제1권은 그의 입장이 소크라테스에 의해서 여지없이 논박당하는 것을 기록하고 있다.

플라톤은 소크라테스의 철학적 논증이 소피스트보다 얼마나 우월한가를 보여 주기 위해서 트라쉬마코스를 등장시켰을까? 트라쉬마코스의 입장은 겉으로 드러난 바와 같이 완벽하게 논박당한 것인가? 주목할 만한 것은 트라쉬마코스가 제1권에서 소크라테스에게 논박당한 뒤 침묵하지만, 자리를 뜨지 않고 논의가 전개되는 것을 줄곧 지켜보고 있었다는 점이다. 플라톤은 다소 뜬금없이 트라쉬마코스의 존재를 확인시켜 준다. 더욱이 어느 시점부터는 소크라테스가 트라쉬마코스를 '친구'로 여기고 있었음을 시사한다(제6권의 4). 정의를 논하는 자리에서 소피스트는 어떤 역할을 한 것인가? 《국가》에서 트라쉬마코스의 존재가 상기되는 한, 정의와 수사학의 관계에 대한 문제 제기는 피하기 어렵다.

첫 번째 정의론의 등장

케팔로스가 베푼 향연에서 정의론이 주제로 떠오른 계기에 주목할 필요가 있다. 《국가》가 정의론을 다루고 있다는 것은 주지의 사실이지만, 소크라테스와 대화 상대자들이 처음부터 다짜고짜 이 주제로 달려든 것은 아니었다. 케팔로스의 집에 도착한 소크라테스가 향연을 베푼 케팔로스에게 인사치레로 노년의 어려움에 대해서 묻자, 그는 욕망의 둔화로 오히려 이전보다 자유롭게 됐다고 답한다. 이에 덧붙여 케팔로스는 인간과 신 누구에게도 빚진 것이 없는 삶을 살았노라고 자부한다. 이때 소크라테스는 '정의(dikaiosunē)'라는 단어를 처음 꺼내면서 케팔로스가 의미하는 정의란 정직과 남에게서 받은 것을 되돌려 주는 것인지 묻는다(331c). 케팔로스의 정의관이 확인되는 순간이다.

이 대목에서 주목해야 하는 것은 케팔로스의 정의관이 제시된 계기는 특정 사안의 옳고 그름을 따지기 위함이 아니라, 삶 전체의 관점에서 무엇이 훌륭한 삶인가를 가리기 위함이었다는 것이다. 케팔로스는 자신의 정의관이 생전에는 인간에 의해서, 사후에는 신에 의해서 훌륭하다는 평가를 받을 것이라고 주장한다. 무역상인 케팔로스가 정직과 되갚음을 정의로 보고 그것을 좋은 삶의 모토로 삼는 것은 이해할 만하다(제1권의 2).

그러나 소크라테스는 케팔로스의 정의관에 대해 반론을 제기한다. 만일 친구에게 무기를 빌렸다면(무기를 예로 든 것은 케팔로스가 무기 거래상인 점을 고려한 것으로 보인다), 그가 광분한 상태에서 무기를 돌려 달라고 할 때도 돌려줘야 하느냐는 것이다. 소크라테스의 반론은 다소 지엽적이지만 이에 답을 해야 한다면, 진정한 친구라면 거짓말로 둘러대서라도 제정신이 아닌 친구에게 무기를 돌려주면 안 된다고 답할 것이다. 그러면 케팔로스의 정의관은 완전히 논박된 것인가? 꼭 그렇지만은 않다. 여전히 대부분의 상황에서 정직과 되갚음이 정의로 간주된다는 점에서 케팔로스의 정의관은 유효하기 때문이다.

그렇다면 소크라테스는 왜 특수한 상황을 예로 들어 케팔로스를 공격하는가? 우선, 정직과 되갚음이라는 케팔로스의 정의관은 그 자신에게는 충분히 유효한 정의관일지라도, 모든 이들에게 어떤 상황에서도 예외 없이 적용할 만한 원칙인지는 의심스럽다. 예외적인 상황에서 융통성을 발휘해야 한다면, '소위 선의의 거짓말을 해야 할 예외적인 상황이라고 판단하는 기준이 무엇인가'라는 문제가 남는다. 삶에서 앞으로 어떤 일이 벌어질지 모르는 젊은이들에게 케팔로스의 정의관은 불완전한 정의관이다.

케팔로스의 정의관에 대한 소크라테스의 대응은 지엽적인 문제로 꼬투리를 잡으려는 것이 아니라, 모든 상황에 적용될 만한 정의의 보편적 규정을 찾기 위함으로 이해할 수 있다. 무엇이 정의인가는 상황에 따라서 혹은 자신이 속한 정파나 계급적 이익에 따라서 다르게 보일 수 있다. 만일 모든 경우에 적용되며 모든 사람이 수긍하는 정의의 보편적 규정을 찾아낼 수만 있다면 인간사 대부분의 문제, 특히 정치공동체의 가장 핵심적인 문제가 해소될 것이다. 정치공동체의 가장 큰 골칫거리는 무엇이 정의이고, 누가 정의의 편에 서 있는가에 대한 다툼이기 때문이다.

그런데 보편적 규정은 어떠한 논리적 도전도 방어해낼 수 있는 완전무결한 규정이어야 한다. 일시적인 설득이나 합의만으로는 보편성을 담보할 수 없다. 정의의 보편적 규정은 적어도 인간의 이성적 사고 안에서 옳고 그름을 명료하게 분별하고, 어떤 오류도 허용하지 않는 철학적 탐구의 결과물이어야 한다. 케팔로스의 정의관에 대한 소크라테스의 문제 제기는 바로 이러한 철학적 탐구의 시작을 의미한다.

철학적 탐구를 대체할 유일한 방법은 인간적인 범주를

벗어나 신의 범주에서 정의를 논하는 것이다. 신에 대한 경외만이 철학을 대체할 수 있다. 이를 상징하듯 케팔로스는 소크라테스와 철학적 논의를 이어가지 않고, 신들에게 제사를 지내야 한다는 구실로 자리를 뜬다(331d). 소크라테스도 그를 제지하지 않는다. 이는 소크라테스도 철학의 필요성을 주장한 것과는 별도로 신에 대한 경외를 인정하는 것이라고 해석할 수 있다. 신에 대한 믿음은 철학적 논박의 대상이 되지 않는다. 그렇다고 철학이 신에 대한 경외에 종속될 필요는 없다. 철학의 토대는 인간의 이성이지, 신에 대한 경외나 믿음이 아니기 때문이다. 이런 맥락에서 철학과 신학은 각자의 입장에서 상대를 전적으로 부정할 수 없는 상호 독립적인 관계다. 케팔로스는 자신의 정의관을 버리지 않은 채 신을 경외하고자 자리를 떠났고, 남은 사람들은 정의의 보편적 규정을 찾고자 철학적 탐구를 이어간 것이다.

철학은 신에 대한 무조건적인(철학의 관점에서는 맹목적인) 경외와 복종을 용납하진 않지만, 그렇다고 철학이 필연적으로 신의 존재를 부정하는 것은 아니다. 철학은 인간 이성의 한계를 인정하지 않는 휘브리스(hubris)를 의미하지 않는다. 철학은 신과 공존할 수 있다. 다만 철학은 신의 존재를 관습이나 계시에 의존해서 맹목적으로 받아들이기보다 철학적 탐구를 통해 신의 존재를 증명하고자 한다. 이런 의미에서 철학은 신학(신의 존재 이유와 방식에 관한 로고스)과 완전히 분리되지 않는다. 소크라테스가 불경죄로 처형된 것은 그가 무신론자였기 때문이 아니라, 신의 존재에 대한 기존 관습을 거부하고 철학적 탐구를 시도했기 때문이다.[18] 소크라테스가 철학자인 한 신에게 맹목적으로 복종할 수 없었고, 이 때문에 아테네인들은 소크라테스를 처형해야만 했다. 첫 번째 정의관을 짤막하게 제시하고 케팔로스는 무대에서 사라진다. 이런 설정을 통해서 플라톤은 이후에 전개되는 기나긴 철학적 논의가 사실상 신에 대한 복종과 양립할 수 없다는 것을 암시한다.[19]

전사(戰士)적·시민적 정의론과 그 한계

케팔로스의 아들 폴레마르코스는 아버지의 정의관에서 지적된 하자를 보완하고자 새로운 정의관을 내놓는다. 폴레마르코스는 빌린 것을 갚는다는 정의관에서 '빌린 것'은 각자에게 마땅히 갚을 것(to opheilomenon)과 합당한 것(to prosēkon)을 의미한다고 말한다. 그런데 무엇이 각자에게 합당한 것인지를 알아내는 것은 간단한 문제가 아니다. 소크라테스는 여기서 처음으로 정의가 일종의 '기술(technē)'이라는 사실을 지적한다(332c). 이 지적을 받아들인 폴레마르코스는 기술을 "누구에게 무엇을 주는 것"이라고 풀이한다. 일련의 대화를 통해 소크라테스는 폴레마르코스에게서 정의란 "친구에게는 이익을, 적에게는 해를 주는 것"이라는 새로운 정의관을 받아내다(332d).

폴레마르코스의 정의관은 그의 이름에 걸맞게 전장(戰場)에서 적용될 법한 것이다. 친구와 적이 확연히 구분되는 전장에서 친구와 적에게 각각 이득과 해를 주는 것이 정의라고 주장하는 것은 수긍할 만하다. 그러나 정의의 보편적 규정을 구하려는 소크라테스에게 이 정의관은 불충분하다. 소크라테스는 전시(戰時)뿐 아니라 평상시에도 적용될 수 있는 정의관을 요구한다. 평상시에 적용될 수 있는 정의관으로 '계약을 준수하고 금전을 보전하는 것'이 제시된다. 소크라테스는 여기서 정의가 일종의 기술이라면, '준수하고 보전하는 기술'과 '위반하고 파괴하는 기술'은 동전의 양면과 같아서 (방어를 잘하는 자가 공격도 잘할 수 있으므로) 이런 기술을 가진 사람은 친구에게 해를 가할 수 있음을 지적한다.

소크라테스는 또한 폴레마르코스의 정의관이 완벽한 지혜를 가정해야 한다는 문제가 있음을 지적한다. 우적(友

敵) 구분이나 이해(利害) 분별이 오류 없이 이뤄지려면 완벽한 앎이 전제되어야 하는데, 이러한 앎은 신 이외에 아무도 소유할 수 없기 때문이다. 만일 완벽한 앎의 획득이 현실적으로 어렵다는 것을 인정한다면, 폴레마르코스의 정의관은 심각한 한계를 갖는다.[20]

끝으로 소크라테스는 폴레마르코스의 정의관에 근본적인 오류가 있음을 지적한다. 소크라테스는 열이 상대를 차갑게 만들 수 없듯이 정의가 상대를 더 부정한 상태로 만들 수 없다고 지적한다. 부정한 상태가 더 나쁜 상태라고 한다면 정의로운 자는 상대를 부정한 상태, 즉 나쁜 상태로 만들 수 없으므로, 그에게 해를 가하는 것이 애초에 불가능하다는 것이다(335d). 이 논지에 따르면 적에게 해를 가해야 한다고 주장한 폴레마르코스의 정의관은 근본적인 결함을 갖게 된다.

정의가 무엇인가를 정의 내리기 위해 소크라테스는 기존 관습을 맹목적으로 수용하는 것이 아니라, 모든 상황에 적용할 수 있는 보편적 원칙을 철학적으로 도출하고자 했다. 그에 반해 폴레마르코스의 정의관이 정의의 보편적 원칙이 되기에는 여러모로 불충분해 보인다.

트라쉬마코스의 정의관과 소크라테스의 논박

폴레마르코스의 정의관에 제동을 건 소크라테스의 논의에 가장 격렬하게 반감을 보인 것은 트라쉬마코스였다. 플라톤은 트라쉬마코스가 마치 야수가 상대를 '찢어발기듯이' 소크라테스에게 달려들었다고 묘사한다(336b). 트라쉬마코스는 자신의 정의관이 논박당한 것도 아닌데, 소크라테스에게 왜 그토록 강한 반감을 표출한 것일까? 아마도 소크라테스의 철학적 탐구가 트라쉬마코스의 수사학을 무용지물로 만들어 버릴 수 있다는 두려움 때문일 것이다.

수사학은 상대가 친구든 적이든, 또 그 결과가 궁극적으로 유익한 것이든 해가 되는 것이든 개의치 않고, 화자의 의지대로 상대를 설득하는 것을 목적으로 한다. 수사학은 원한다면 누군가를 설득하여 정의의 이름으로 어떤 대상에게든 해를 가할 수 있는 능력도 수반한다. 그러나 우적이나 이해의 구분에 대해 철학적으로 의심하고, 정의의 이름으로 상대를 해하는 것이 근본적으로 불가능하다고 보는 소크라테스의 철학적 태도는 수사학의 근간을 위태롭게 한다. 이는 수사학을 가르치는 트라쉬마코스의 입장에서 치명적이다. 그것도 수사학의 '잠재적인 고객'들이 함께 있는 자리에서 자신의 존재 이유에 흠집을 낸 소크라테스는 분명 참을 수 없는 존재였을 것이다.

트라쉬마코스는 관습적으로 용인되어 온 정의론을 거부하고, 지엽적인 부분이나 실천상의 결함을 꼬투리 삼아 상대를 논박하는 듯한 소크라테스의 대화법을 비판하고, 실질적인 정의론을 내놓으라고 다그친다. 소크라테스가 '캐묻는' 방법 외에 다른 탐구 방식을 사용할 수 없다는 입장을 고수하자, 트라쉬마코스는 그것이 소크라테스의 전형적인 아이러니 논법(eironeia), 즉 자신은 아무것도 모르는 척하면서 문답을 통해 상대를 곤란에 빠뜨리는 술책이라고 힐책한다(337a). 그러면서 트라쉬마코스는 정의로 일컬어지는 것을 행하면 결국 강자의 이익에 봉사하게 된다는 새로운 정의관을 제시한다(338c, 제1권의 3).

트라쉬마코스가 말하는 '강자'는 물리적으로 힘이 세거나 어느 정도 권력을 가진 자가 아니라, 정체를 수립하고 자신에 유리하게 법을 제정할 수 있는 통치자를 의미한다. 일반적으로 법을 준수하는 것을 정의라 일컫는데, 그 법은 통치자인 강자의 이익을 위해 만들어졌으므로 정의를 실행하는 것은 강자의 이익에 부합하는 결과를 가져온다는 게 트라쉬마코스의 논지다.

트라쉬마코스의 입장은 법이 옳고 그름을 판단하는 절

대적인 기준이 아니라, 현실 권력을 규범적으로 정당화하는 기능을 수행하는 데 불과하다는 법현실주의에 기초한다. 또한 법적 구속력이 옳고 그름의 절대적인 기준에 따라 생성되는 것이 아니라 법으로 제정되어 있다는 것 자체가 구속력을 발생시킨다는 법실증주의를 따른다. 요컨대 트라쉬마코스는 옳고 그름의 절대적이고 보편적인 기준이 존재한다고 보는 자연법주의자와 대척점에 있다.

소크라테스는 트라쉬마코스의 정의관을 일단 수용하는 듯한 태도를 보인다. 다만 법 제정자이자, 실질적 최고 통치자인 강자가 자신의 이익에 정확히 부합하는 법을 제정하는 데 실패할 가능성을 지적한다. 이에 대해서 트라쉬마코스는 자신이 말하는 통치자는 실수를 범할 수 있는 경험적으로 존재하는 통치자가 아니라, '엄밀한 의미'의 통치자, 즉 이론적으로 존재하는 통치자임을 밝힌다(341b). 바로 이 대목이 소크라테스가 본격적으로 철학적 논의를 전개하는 분수령이 된다(제1권의 4).

이제부터 논의하는 통치자는 경험적 혹은 역사적으로 확인되는 존재가 아니라, 이론적으로 엄밀하게 정의 내려지는 통치자다. 이론적인 통치자는 원칙적으로 통치술을 갖고 있어야 하며, 통치술은 모든 기술(technē)이 가지고 있는 일반적인 특징을 공유해야 한다. 기술의 일반적인 특징이란 기술이 그 대상의 이익을 위해 존재한다는 것이다. 트라쉬마코스가 가정하는 엄밀한 통치자도 자신의 이득이 아니라 통치술이 적용되는 대상, 즉 피치자(被治者)의 이익을 도모해야 한다. 이로써 트라쉬마코스의 애초 주장과는 정반대되는 결론이 도출된 것이다.

그러면 트라쉬마코스의 정의론은 충분히 논박된 것인가? 아직 그렇다고 볼 수 없다. 이론적인 관점에서는 트라쉬마코스가 논박당했는지 몰라도, 현실에 존재하는 통치자의 관점에서 트라쉬마코스의 정의론은 여전히 유효하기 때문이다. 경험적으로 실재하는 통치자는 (간혹 실패할지 몰라도) 자기 이익을 위해 법을 제정하고 공동체를 지배한다. 소크라테스와 트라쉬마코스의 대화를 지켜보던 이들도 이와 같이 생각했을 것이다. 누군가 통치자가 되고자 한다면 자신의 이익을 위해서지, 피치자의 이익을 위해서가 아니라는 것이 예나 지금이나 '상식적인' 이해이기 때문이다. 현장에 있던 대부분의 사람들은 경험에 근거해 트라쉬마코스의 입장에 동의했을 것이고, 그런만큼 그의 입장은 충분히 논박되지 않은 것이다.

이런 분위기를 감지한 소크라테스는 트라쉬마코스의 입장을 더 근본적으로 파헤치고, 그 가정들을 논박할 필요가 있었다. 이 때문에 소크라테스는 스스로 트라쉬마코스의 입장을 재정의한다. 소크라테스는 트라쉬마코스가 결국 부정의를 인간의 훌륭함, 즉 아레테(aretē)로 간주하고 있다는 것을 확인한다.[21] 이득을 얻기 위해서 부정의를 행할 수 있는 자는 보통 사람이 아니라 모든 악행을 행하면서도 처벌받지 않을 수 있는 전능한 자다. 소크라테스에 따르면 트라쉬마코스는 이런 자를 아레테를 가진 자로 간주하고, 이런 자가 가장 강하고 가장 행복한 자라고 주장한 것이다(343c-344a).

제1권의 나머지 지면은 소크라테스에 의해서 대변된 트라쉬마코스의 암묵적인 주장을 차례로 논박하는 데 할애된다. 소크라테스는 우선 '플레오넥시아(pleonexia)' 개념을 아레테와 견주어, 부정의가 아레테라는 트라쉬마코스의 가정을 논박한다.

플레오넥시아는 '남보다 더 많이 가짐' 혹은 '남을 능가함'을 의미한다. 소크라테스는 지혜와 분별력이 있는 사람은 자신과 같은 부류의 지혜로운 자들을 상대할 때는 그들을 능가하려 들지 않지만, 자신과 다른 부류인 지혜롭지 않은 사람들을 상대할 때는 그들을 능가하려 든다는 점을 지적한다. 이는 정의로운 자가 플레오넥시아의 관점에서 지혜로운 자를 닮았다는 점을 밝히고자 함이다. 정의로운 자는 지혜로운 자와 마찬가지로 자신과 다른 부류인 부정의한 자를 상대할 때만 그를 능가하려고 하는 반면에 부정의한 자는 상대가 누구든 개의치 않고 능가하려고, 즉 더 많이 가지려고 한다는 것이다. 지혜가 아레테인 것은 분명한데, 정의로운 자가 지혜를 가진 자와 (적어도 플레오넥시아의 관점에서) 닮아 있으니, 정의가 아레테라고 결론 내릴 수 있다(350b-c). 이로써 부정의가 아레테라고 가정한 트라쉬마코스의 주장이 뒤집혔다.

정의가 아레테라는 소크라테스의 주장은 정의로운 자가 행복하다는 주장과 연결된다. 우선, 소크라테스는 아레테는 무엇이든 그것의 기능을 잘 수행함을 의미한다는 것을 상기시킨다. 인간의 아레테는 인간의 기능인 '삶'을 잘 수행하는 것이다. 따라서 인간에게 아레테가 있다는 것은 곧 '잘 삶'을 의미하며, 이것을 우리는 행복(eudaimonia)이라고 일컫는다. 이로써 부정의가 아레테이며, 부정의한 자가 행복하다는 트라쉬마코스의 주장은 논박됐다.

그다음으로 '부정의가 강하다'라는 트라쉬마코스의 두 번째 가정에 대한 소크라테스의 논박(351c-352c)을 살펴보자. 소크라테스는 집단의 예에서 알 수 있듯이, 전적으로 부정의한 집단은 구성원 간의 반목과 질시 때문에 결코 대외적으로 힘을 온전히 발휘할 수 없다고 주장한다. 이와 마찬가지로 부정의로 가득 차 있는 개인의 경우도 내적인 불화와 갈등 때문에 결코 강자가 될 수 없다고 주장한다. 반면 정의는 집단에 있어서는 합심과 우애, 개인에게는 일치와 조화를 깃들게 하므로 강함을 발휘할 수 있다고 지적한다(제1권의 6). 이러한 소크라테스의 논지는 상식선에서 받아들일 만한 것이다. 그런데 여기서 이후 플라톤이 전개할 정의론의 중요한 단초가 발견된다.

우선, 지금까지 개인의 차원에 한정되어 있던 정의의 문제가 자연스럽게 집단과 국가의 차원으로 확장되고 있다. 이런 맥락에서 소크라테스는 제2권에서 정의의 본질을 밝히기 위해 '국가-영혼 유비'를 제안한다. 한편, 내적 분열이 있으면 외적으로 힘을 발휘할 수 없다는 논지는 정의의 문제가 안과 밖의 경계에 걸쳐 있음을 시사한다. 즉 개인이든 집단이든 정의의 문제는 내적 상태와 외적 힘의 발현 간의 연계를 전제로 한다는 것이다. 이 문제는 '국제정치적 관점에서 본 트라쉬마코스'를 다룰 때 다시 논하기로 하고, 여기서는 트라쉬마코스를 논박하는 과정에서 이미 이러한 안과 밖의 경계의 쟁점이 발견됐다는 것만 기억해 두자.

트라쉬마코스의 정의관은 다소 극단적인 측면이 있지만, 어느 정도는 상식적으로 통용되는 정의관이다. 사람들은 종종 법의 이름으로 복종을 강요당한다고 느낄 때

정의란 결국 자신보다 많이 가진 자나 강자의 이익에 봉사하도록 하는 이데올로기가 아닌가 하는 의심을 하기도 하고, 자신이 그런 강자가 되는 것을 꿈꿔 보기도 한다. 그러나 소크라테스의 논박은 트라쉬마코스가 제시한 정의관의 가정들이 결코 일관성 있게 유지될 수 없음을 확인시켜 준다.

그렇다면 소크라테스의 정의관은 일관성 있게 제시되고 있는가? 트라쉬마코스의 가정을 역으로 치환하면, 정의는 아레테이고, 강함을 발휘하며, 정의가 곧 행복이어야 한다. 우리는 이 가정을 주저 없이 받아들일 수 있는가? 트라쉬마코스의 가정에 심각한 결함이 있는 것으로 드러났다고 해서 그 역을 그대로 받아들일 수 있는 것은 아니다. 정의는 아레테여야 하고, 정의는 강하며, 정의로운 삶이 행복할 것이라고 가정해 보지만, 정작 그것을 그대로 믿고 정의를 실행하는 데 주저하는 이유는 무엇인가? 소크라테스도 인정하는 것처럼 아직 정의가 무엇인지 온전히 정의되지 않았기 때문이다(354b-c).

언뜻 체계적으로 보이는 트라쉬마코스의 정의관은 더 이상 유효하지 않고, 이를 대체해야 할 소크라테스의 정의관은 아직 사람들에게 확신을 주지 못하고 있다. 이 대화를 지켜보던 참관자들, 특히 소크라테스와 함께 시간을 보내 온 글라우콘과 같은 젊은이들은 아포리아에 빠져 있다. 정의(正義)가 무엇인지를 정의(定義) 내리기 전에는 그것이 아레테인지, 그것을 가진 이가 강하거나 행복한지를 정확하게 알 길이 없다는 것은 소크라테스도 인정하는 바다. 정의와 관련된 아포리아에서 벗어나기 위해서는 정의를 완벽하게 정의 내리는 수밖에 없다.

글라우콘과 아데이만토스의 도전과 새로운 향연의 개시

제2권은 아포리아 상태를 못마땅해하는 글라우콘에 의해서 논의가 시작된다. 글라우콘은 트라쉬마코스의 정의관을 재구성하고, 소크라테스에게 정의가 어떤 부류의 좋음인가를 확인받기 원한다. 글라우콘에 따르면, 일반적으로 정의는 그 자체로는 결코 좋은 것이 아니지만, 정의를 행함으로써 수반되는 결과 때문에 정의를 행하게 된다는 것이다. 즉 정의를 행하는 것은 힘겹고 고통스럽지만 정의를 행함으로써 얻어지는 이득, 예컨대 좋은 평판을 얻는다거나, 처벌받지 않는 것과 같은 이득 때문에 정의를 행하게 된다는 것이다(358a-367c). 그러나 좋은 평판이나 처벌받지 않음은 상황에 따라서 가변적이다. 트라쉬마코스가 제1권에서 예시한 바 있듯이, 강력한 통치자라면 부정의를 행하고도 처벌받지 않을 것이며, 보통 사람이라면 정의를 행하고도 부당하게 처벌받을 수도 있다. 글라우콘은 정의가 결과로서의 좋음이 아니라, 그것 자체로 좋은 것임을 입증해 달라고 요청한다. 그렇게만 해주면, 결과에 구애받지 않고 혹은 부정의를 행하는 것이 결과적으로 더 좋을 수 있다는 트라쉬마코스의 유혹을 떨쳐 버리고, 온전히 정의를 행할 수 있을 것이라는 주장이다.

글라우콘은 소크라테스가 입증해야 할 과제를 구체적으로 제시한다(제2권의 1). 즉 정의로운 자는 정의로움으로 인하여 이득은커녕 정반대로 해를 입는다고 하더라도, 정의 자체를 좋음으로 간주하기 때문에 결과와 무관하게 항상 정의를 행한다는 것을 증명하라는 것이다. 다시 말해 정의로운 자가 정의로움 때문에 처벌을 당하고 가장 나쁜 평판을 얻게 되는 극단적인 상황에 처하더라도 여전히 정의를 선택한다는 것을 입증해 달라는 것이다.

아데이만토스 역시 비슷한 취지로 소크라테스에게 도전한다. 그는 정의가 그 자체로서 좋은 것임을 입증하려면, 정의로운 자는 사람들뿐 아니라 신들에게도 가장 나쁜 평가를 얻어야 한다고 강조한다. 정의로운 자가 좋은 평판을 얻는다면, 좋은 평판이라는 결과를 얻기 위해서 정의를 추구하는지, 결과와 상관없이 그 자체로서 좋은 것이기에 정의를 추구하는지 분간할 수 없기 때문이다(365d-366b).

글라우콘과 아데이만토스의 도전은 소크라테스를 난처하게 만들 정도로 강력한 것이었지만, 소크라테스는 이들의 도전을 반긴다. 소크라테스는 이들의 도전이 정의로운 삶을 살고자 하는 이들을 유혹에서 해방하기 위함이라는 것을 잘 알고 있었기 때문이다. 이제 소크라테스는 정의의 본질을 확실히 밝혀 달라는 이들의 간절한 요청을 외면할 수 없게 되었다.

케팔로스가 노년의 삶에 대한 소회를 피력하면서 시작된 정의에 대한 논의는 시민적 삶을 강조하는 폴레마르코스와 소피스트적 세계관을 제시한 트라쉬마코스에게로 옮겨 가면서, '어떻게 살아야 하는가'라는 가장 포괄적이며 중대한 문제에 귀착하게 됐다. '어떻게 살아야 하는가'는 향연에 참여한 모든 사람들에게, 특히 삶의 방식을 고민하는 젊은이들에게 중차대한 문제가 아닐 수 없다.

소크라테스 역시 삶의 방식을 결정하고자 하는 이들의 기대에 부응하기 위해 정의 그 자체를 규명하는 작업을 개시하는데, 이후의 논의는 지금까지의 논의보다 훨씬 긴 분량으로 이어진다. 아테네로 향하던 소크라테스 일행에게 자신의 집에서 열리는 향연에 참여할 것을 강권했던 폴레마르코스는 그날 밤 열리기로 예정된 경기에 참관할 것을 제안했었다. 그러나 정의에 관한 논의가 불붙자 이들은 모두 그날 밤의 계획을 까맣게 잊고 정의를 논하는 향연을 이어갔다.

어느덧 소크라테스는 향연의 참관자에서 주인공이 되어 있다. 정의에 관한 논의가 전개되는 동안 향연에 있을 법한 술과 음식을 나눴다는 언급도 보이지 않는다. 사람들은 향연에서 육체적 쾌락의 충족을 기대했겠지만, 소크라테스가 주인공이 된 향연에서는 육체적 쾌락을 잊은 채, 철학적 논증의 매력에 빠지는 경험을 하게 된다. 철학적 논증은 육체적 쾌락을 잊고 영혼에만 집중하도록 하는 마력(魔力)을 지니고 있는 것일까? 이제 후속 논의를 살펴보면서 무엇이 이들로 하여금 모든 것을 잊고 정의에 관한 논증에 골몰하게 했는지 살펴보고자 한다.

‘영혼의 정치’를 향한 플라톤의 구상[22]

‘국가-영혼 유비(類比)’의 제안

글라우콘과 아데이만토스의 도전에 소크라테스는 소위 ‘국가-영혼 유비’를 제안하며 응수한다(제2권의 2). 소크라테스는 정의에는 한 개인의 것도 있지만 나라 전체의 것도 있으므로(368e), 규모가 큰 국가의 정의를 먼저 관찰하고 이를 바탕으로 개인의 영혼에서 정의를 찾아낼 것을 제안한다. 이 유비 프로젝트는 정의란 국가와 인간에게 공통적으로 적용될 만한 것이고, 개인 차원의 정의보다 국가 차원의 정의가 비교적 수월하게 발견될 것이라는 다소 느슨한 가정을 전제로 한다.

‘국가-영혼 유비’라는 소크라테스의 제안은 갑작스러운 면이 있지만, 글라우콘과 아데이만토스는 큰 반감 없이 이를 받아들인다. 사실 정의가 개인뿐 아니라 국가의 영역에도 적용될 수 있다는 구상은 ‘부정의는 강함을 의미한다'는 트라쉬마코스의 논지를 논박할 때 소크라테스가 이미 사용한 바 있다. 이렇게 선보이기 시작한 국가-영혼 유비는 제2권에서 또다시 소크라테스에 의해서 명시적으로 제시되었고, 이후《국가》전체의 구조를 결정하는 핵심 요소가 된다. 유비라는 형식을 토대로 최선의 정체와 정의로운 인간을 비교하는 제4권까지의 논의는 물론이거니와 이후 열등한 정체와 그에 상응하는 인간형을 제시하는 제8권과 제9권의 논의에서도 국가-영혼 유비의 구조가 그대로 유지되기 때문이다.

유비 프로젝트에 합의한 소크라테스와 글라우콘, 아데이만토스는 우선 국가 차원에서 정의를 찾아내기 위해 가장 훌륭한 국가, 즉 최선의 국가를 만들기로 한다. 이 국가에는 분명 정의가 깃들어 있을 것이므로, 이러한 국가를 만들어 놓고 정의의 원칙을 발견하겠다는 것이다. 이러한 취지로 '말로써'〔혹은 논의로써(en logō)〕 최선의 국가를 만드는 작업은 제4권 후반부에 이르러 비로소 성공한다. 그 과정에 대해서는 다음 장에서 살펴보기로 하고, 여기서는 우선 유비의 구조에 대해서 좀 더 살펴보자.

소크라테스와 글라우콘은 자신들이 만들어 놓은 최선의 국가에는 지혜와 용기, 절제가 있을 것이라고 전제하고, 이 국가 안에서 발견되는 특징들을 이 세 덕목과 어렵지 않게 연결시킨다. 이 국가 안에서 정의와 연결될 만한 특징을 찾는 데는 다소 어려움을 겪는데, 결국 '각자 자기 일을 하는 것'이 정의라고 결론 내린다(제4권의 4). 이로써 유비를 통해 정의를 발견하겠다는 시도는 성공을 거둔 셈이다.

이 나라에서 각자 자기 일을 한다는 것은 무엇을 의미하는가? 이 나라를 구성하는 세 계급, 즉 생산자 계급, 국방을 맡은 수호자 계급, 그리고 이들의 교육을 비롯해 국가 전체의 운영을 책임지는 통치자 계급이 각자 주어진 역할을 다하는 것을 의미한다. 다시 말해 통치자는 수호자의 도움을 받아 생산자를 지배하고, 수호자는 통치자를 보조하고 국방의 역할을 수행하며, 생산자는 생산 활동에 전념하는 것을 의미한다.

국가 차원에서 발견한 정의의 원리를 개인에 적용하기 위해서는 국가와 마찬가지로 개인의 영혼을 구성하는 세 부분이 무엇인지부터 확인해야 한다. 소크라테스와 글라우콘은 우여곡절 끝에 영혼을 구성하는 세 부분이 '이성적인 부분(logistikon)/이성', '격정적인 부분(thumoeidēs)/기개', 그리고 '욕구하는 부분(epithumētikon)/욕구'라는 데 합의한다. 이제 국가에서 발견한 정의의 원리를 개인의 영혼에 적용하는 일만 남았다. 국가의 정의는 통치자, 수호자, 생산자 계급이 각자 자신의 일을 하는 것이었다. 이를 개인의 영혼에 그대로 적용하면, 정의란 영혼의 세 부분이 각자 자기 일을 하는 것, 즉 '이성이 기개의 도움을 받아 욕구를 지배하는 것'이라고 결론 내릴 수 있다. 요컨대 정의로운 인간이란 이성이 지배하는 인간을 의미한다.

이로써 소크라테스는 유비 프로젝트를 통해서 밝히고자 한 정의의 본질에 도달한 셈이다. 이에 따르면, 개인의 정의란 영혼을 구성하는 부분들 간의 관계로 규정되는 것으로서, 이른바 '영혼적 정의'를 의미한다.

그런데 이러한 영혼적 정의는 정의에 관한 긴 논의를 촉발한 글라우콘과 아데이만토스의 요청에 대한 적절한 대답이 되는가? 글라우콘과 아데이만토스는 사람들이 정의를 행하는 것은 정의 자체가 좋기 때문이 아니라, 그것을 행함으로써 따라오는 결과가 이롭기 때문이라고 가정한 바 있다. 문제는 정의를 행한 결과가 항상 좋을 수 없기 때문에 정의를 행함에 있어서 늘 유혹이 따른다는 것이었다. 이들은 그와 같은 유혹을 극복하기 위해서 정의가 그 결과와 무관하게 그것 자체로 좋은 것임을 밝혀 달라고 소크라테스에게 요청했고, 소크라테스는 이들의 요청을 받아들여 정의가 그것 자체로서 좋은 것일 뿐 아니라 결과로서도 좋은 것임을 증명하겠노라고 약속한 바 있다(358a, 368c). 소크라테스는 이들과의 약속을 이행한 것인가? 제4권에서 밝혀진 정의의 원칙은 영혼적 정의에 해당하는데, 이 원칙은 글라우콘과 아데이만토스의 요구 사항에 부합하는 것인가?

이러한 암묵적인 의문점을 의식했는지 제4권 후반부에서 소크라테스는 영혼적 정의를 가진 이성지배적인 인간이 과연 세속적 의미의 부정의를 절대 행하지 않을 것인지 자문한다. 소크라테스는 영혼적 정의를 가진 이가 착복이나 신전 약탈, 절도와 같은 범죄를 저지르지 않을 것이라고 글라우콘을 확신시킨다(442e-443a).

그러나 이성지배적인 영혼을 어떻게 이해하는가에 따라서 여전히 의문은 남는다. 만약 이성지배적인 영혼을, 어떤 목표를 정하든 이를 위해 자신의 이성을 최대한 활용하고, 기개를 동원해 이에 방해가 되는 모든 욕구를 억제하는 것이라고 규정한다면, 사악한 의도를 지닌 사업가나 참주(僭主)조차도 특정한 시점을 기준으로 본다면 이성지배적인 영혼의 소유자로 규정될 수 있기 때문이다.[23]

따라서 유비 프로젝트를 통해 얻은 개인의 정의, 영혼의 정의 원칙은 여전히 석연치 않은 부분이 있다. 왜 소크라테스는 이러한 문제적 성격의 유비 프로젝트를 정의를 규명하는 과정에 삽입했을까? 유비 프로젝트는 플라톤에 의해 치밀하게 계산된 선택이었나, 아니면 논의의 편의를 위해 우연히 튀어나온 기제였나?

혹자는 플라톤이 정치적 위계질서를 정당화하기 위해 유비 프로젝트를 교묘하게 활용했다고 해석한다. 즉 통치자(이후 이들은 철학자로 밝혀진다) 계급이 수호자(군인) 계급과 생산자 계급을 지배할 필요성을 정당화하기 위해서 유비 구조를 활용했다는 것이다. 유비의 대칭 구조에 따르면, 통치자 계급이 지혜를 바탕으로 다른 계급을 지배하듯이, 이성이 영혼의 나머지 부분을 지배해야 한다. 특정 계급이 다른 계급을 지배한다는 것에는 거부감이 들 수 있지만, 이성이 각자의 영혼을 지배해야 한다는 것에는 비교적 거부감이 덜하다. 따라서 유비 프로젝트는 대칭 구조를 역으로 적용하여 이성이 영혼을 지배해야 하는 것처럼 지혜를 가진 통치자 계급의 국가 지배를 정당화하기 위함이라는 견해도 있다.[24] 이런 해석에 따르면, 플라톤의 《국가》는 개인에게 정의가 무엇인가를 밝히려는 윤리적인 저작이라기보다 공동체에서 누가 지배자가 되어야 하는가를 은밀히 설득하는 '정치 공작적'인 저작이 된다.

플라톤이 소크라테스의 죽음을 목격하고 더 이상 철학자가 정치적으로 핍박당하는 일이 없기를 바랐다고 보는 것은 무리가 아니다. 그러나 그것만을 위해 플라톤이 철학자가 통치자가 되는 방안을 구상했다고 보기는 어렵다.

이상국가를 제시한 《국가》가 모종의 정치적 메시지를 담고 있다고 가정하는 것은 자연스럽다. 그러나 이 정치적 메시지는 좋은 삶이 무엇인가를 밝히려는 철학적 논의의 연장선에서 제시된 것이지 플라톤 개인의 정치적 의도를 반영한 것으로 보기 어렵다.[25]

유비 프로젝트를 플라톤의 정치 공작적 의도로 치부하는 것은 지나친 해석이지만, 유비 프로젝트가 구조적으로 여러 의문점을 남기고 있는 것은 사실이다.[26] 문제적 성격의 유비를 사용한 플라톤의 의도에 좀 더 가까이 다가가기 위해 이제 유비 프로젝트를 둘러싼 문제들을 좀 더 구체적으로 살펴보고자 한다.

유비를 둘러싼 문제들

소크라테스는 제2권에서 다음과 같이 제안한 바 있다(제2권의 2).

> 그렇다면 아마도 정의는 더 큰 것 안에 더 큰 규모로 존재할 것이고, 그만큼 알아보기도 더 쉬울 걸세. 자네들만 좋다면, 먼저 국가들에서 정의가 어떤 것인지

탐구한 다음 개인에게로 나아가서, 큰 것에서 발견한 것과 유사한 것이 작은 것의 형태에서도 발견되는지 검토해 보세.(369a)

이처럼 국가-영혼 유비는 국가와 개인이 적어도 정의와 관련해서 유사한 구성 원리를 갖는다는 가정에서 출발한다. 이 원리를 바탕으로 소크라테스는 국가의 정의가 밝혀지면 개인의 정의도 밝혀질 거라고 가정한 것이다. 여기서 주목할 것은 이러한 유비의 가정 안에는 정의로운 국가가 정의로운 개인(혹은 영혼)이 생성되는 원인이 된다거나, 역으로 정의로운 영혼이 정의로운 국가 성립의 원인이 된다는 논지가 포함되어 있지 않다는 점이다. 정의로운 국가와 정의로운 영혼은 동일한 구성 원리를 가질 뿐, 양자가 서로의 생성에 원인을 제공하지 않는다. 상식적으로 국가의 전반적인 특성이 개인 삶의 방식에 영향을 미칠 수 있고, 반대로 개개인의 성향이 국가 전체의 분위기에 영향을 미칠 수 있다고 생각할 수 있다. 그러나 적어도 국가-영혼 유비의 가정에 국가와 영혼의 직접적 인과관계가 포함된 것은 아니다.

그런데 소크라테스는 이후 논의를 전개하는 과정에서 유비 구조 속에 국가와 영혼의 인과적 관계를 은밀히 삽입한다(제4권의 5). 소크라테스는 유비 프로젝트를 일단락 짓는 제4권의 435e에서 국가의 특성이 그 구성원들의 특성에 의해 결정된다는 견해를 다음과 같이 제시한다.

> 우리는 국가에 있는 것들과 똑같은 요소와 성향이 각자 안에 있다는 것에 동의해야만 하겠지? 국가에 있는 것들이 국가가 아닌 다른 곳에서 유래한 것은 아닐 테니까. 만약 나라 안에서 발견되는 기개가 트라케인과 스키타이족 그리고 북방 민족들의 평판을 생기게 한 그 나라 시민 개개인의 성향에서 유래한 것이 아니라고 생각하는 것은 우스운 일이 될 테니까.(435e)

여기서 소크라테스는 국가의 특징과 개인의 성격 간에 인과 관계를 발견할 수 있다고 가정한다. 국가의 성격이 그 국가를 구성하는 개인들의 특성에 의해서 결정된다는 것은 어찌 보면 당연한 가정일지 모른다. 그러나 유비 프로젝트에 이 가정을 포함시키는 것은 새로운 문제를 야기할 수 있다. 사실《국가》를 연구하는 많은 학자가 이 가정을 유비 프로젝트와 어떻게 조화시킬 것인가를 두고 논란을 벌이고 있다.[27]

《국가》의 유비 구조 문제를 지적한 대표적인 연구자인 버나드 윌리엄스(Bernard Williams)는 435e에 피력된 소크라테스의 입장을, 전체의 특성이 그것을 구성하는 부분들의 특성에 따라 결정된다는 의미에서, '전체-부분 법칙(whole-part rule)'이라고 칭한다.[28] 유비 프로젝트가 가정한 동일 구조의 원리로만 보자면, 국가의 정의가 수호자의 도움을 받아 통치자가 생산자를 지배하는 구조로 되어 있듯이, 개인의 정의는 영혼의 세 요소인 이성, 기개, 욕구가 국가의 세 요소와 유사한 기능을 하는 것으로 규정된다. 이에 따르면, 정의로운 개인이란 기개의 도움을 받아 이성이 욕구를 지배하는 영혼의 소유자다.

이성지배적인 영혼이란 무엇인가? 이성은 일차적으로 '계산하는 능력'을 발휘하지만, 좀 더 포괄적으로 보면 지혜를 사랑하는 성향을 갖는다. 이러한 이성을 영혼의 지배자로 둘 수 있는 사람은 수적으로 매우 제한적이다. 제7권에서 확실히 밝혀지지만, 이성지배적인 영혼은 장기간의 혹독한 교육 프로그램(526b-540a)을 마친 철학자에게만 주어지는 특권이다.

철학자의 자질을 갖고 태어나서 장기간에 걸친 교육 프로그램을 마친 사람은 극소수뿐이다. 문제는 이렇게 이성지배적인 영혼을 가진 사람만이 정의로운 자라고 한다면, 가장 정의로운 나라인 최선의 정체에서조차 정의의 요건을 온전히 갖춘 자들은 극소수에 불과하다는 것이다. 유비 프로젝트를 위해 소크라테스와 글라우콘, 아데이만토스가 말로 만든 최선의 국가는 두말할 나위 없이 정의로운 국가이지만, 이 국가 안에 정작 정의로운 인간은 극소수에 불과하고 나머지 사람들은 모두 부정의하다는 결론에 이른 것이다. 정의로운 국가의 구성원 대부분이 부정의하다는 결론도 만족스럽지 못하지만, 이 결론은 전체의 특성이 그 구성원들의 특성에 의해 결정된다는 소크라테스의 선언(435e)과도 정면으로 배치된다.[29]

이러한 불일치를 해소하기 위해 윌리엄스는 435e를 소위 '지배적인 부분의 법칙(predominant section rule)'으로 재해석한다.[30] 즉 구성원 전체 혹은 다수의 특성이 아니라 가장 지배적이고 영향력 있는 구성원의 특성이 집단의 특성을 규정한다는 것이다. 따라서 최선의 국가에서 설령 다수가 부정의하더라도 이 국가의 지배적인 부분에 해당하는 통치자가 정의롭다면 여전히 이 국가를 정의롭다고 규정할 수 있다는 것이다. 435e를 '지배적인 부분의 법칙'으로 재해석함으로써 '전체-부분 법칙'에 따른 이론적 모순에서 벗어날 수 있을지 모른다. 그렇다고 최선의 국가가 다수의 부정의한 사람들로 구성될 수 있다는 불편한 진실에서 완전히 해방된 것은 아니다.

혹자는 이런 불편한 결론에서 벗어나기 위해, 말로 만든 정의로운 국가(로고폴리스)의 생산자 계급이 완전히 부정의하다고 볼 수 없으며, 정의의 요소를 '어느 정도' 가지고 있다고 주장한다.[31] 즉 자기 일을 하고, 남의 일에 간섭하지 않으며, 지배자를 인정하고 그에게 복종한다는 점에서 공화주의적 정의를 갖추고 있다는 것이다. 그러나 생산자 계급의 복종이 자발적인 것이 아니라 수호자(혹은 통치자의 보조자)들의 무력에 의한 것임을 상기한다면, 이들이 온전한 형태의 공화주의적 정의를 갖췄다고 보기는 어렵다.[32]

여기서 435e의 구절을 윌리엄스와 같이 반드시 '전체-부분 법칙' 혹은 '지배적인 부분의 법칙'으로 이해해야 하는가에 대해서는 재고해 볼 여지가 있다. 우선 윌리엄스는 집단의 특성과 구성원의 특성이 어떤 관계인지 규정할 때 두 가지 경우가 존재한다고 지적한다. 하나는 '화난 군중'과 같이 구성원의 특성과 집단의 특성이 일치하는 경우고, 다른 하나는 '큰 군중'과 같이 집단의 특성과 구성원의 특성이 독립적인 경우다. '큰 군중'을 몸집이 큰 개인들이 모인 집단이라고 이해하는 사람은 없을 것이다. '큰'이라는 수식어는 집단 전체의 특성에 해당하며 그 구성원의 특성과는 무관한데, 이 경우에 전체-부분 법칙은 적용되지 않는다. 반면, '화난 군중'은 화가 난 개인들로 구성된 집단을 의미한다. 윌리엄스는 정의로운 국가와 그 구성원들의 관계를 '화난 군중'의 경우로 해석해야 한다고 주장한다.[33] 그러나 '화난 군중'이나 '큰 군중' 이외에 구성원과 집단의 관계를 설명할 다른 모델은 없는가?

사실 정의로운 국가에서 나타나는 '정의'라는 특성은 국가라는 집단에 부여된 것이지, 개개인들이 가진 특성의 집합은 아니다. 따라서 정의로운 국가는 윌리엄스가 제시한 '화난 군중'의 모델과 정확히 일치하는 것은 아니다. 그렇다고 정의로운 국가가 개개인의 특성과 관련이 전혀 없다고 볼 수도 없다. 따라서 정의로운 국가에서 개인이 가진 특성과 국가가 가진 특성의 관계를 해석하기 위해서는 새로운 모델을 찾아야 한다. 필자는 '절약하는 단체'가 적절한 모델이 될 수 있다고 본다. 절약하는 단체에서 구성원들이 각자의 삶에서 절약하는 삶을 사는지 여부는 알 수 없기 때문에 이 단체의 특징은 '화난 군중'의 경우와 구별된다. 그러나 이 단체의 구성원들은 적어도 단체 운영과 관련하여 절약한다는 점에서 '큰 군중'의 경우와도 구별된다. '큰 군중'의 '큼'은 개개인과는 무관하게 집단의 특성만을 드러내지만, '절약하는 단체'는 구성원들의 절약하는 특성을 반영하기 때문이다. 다만 그것이 자신의 삶과 관련해서가 아니라 단체 운영과 관련한 태도라는 점에서 '화난 군중'과는 구별된다.

정의로운 국가에서 집단과 구성원의 관계도 이와 같이 바라볼 수 있다. 절약과 마찬가지로 정의도 집단과 개개인의 삶에 동시에 적용될 수 있는 덕목이다. 그러나 '정의로운 국가'라고 할 때는 개개인이 영혼의 관점에서 온전히 정의롭다기보다, 국가의 구성원으로서 시민적 정의만을 행하는 것으로 해석할 수 있다. 절약하는 단체의 회원들이 개인의 삶에서 절약하는 삶을 살지 않더라도 단체의 운영과 관련해서는 절약하는 태도를 가질 수 있듯이, 정의로운 국가에서도 모든 개인이 영혼의 관점에서 정의로운 것은 아니라 하더라도 국가와 관련된 행위나 공적인 영역에서는 정의로울 수 있다는 것이다. 이렇게 이해하면, 정의로운 국가에서 완벽하게 정의로운 사람은 극소수라 할지라도 모든 구성원은 적어도 시민적 정의를 가졌다는 측면에서 '전체-부분 법칙'을 만족시킬 수 있다.

유비 프로젝트가 안고 있는 또 다른 문제는 유비가 처음에 고안된 의도와 달리 그 의미가 변질되고 있다는 점이다. 제2권(368d-369a)에서 소크라테스는 유비 프로젝트를 처음 제기하고, 최선의 국가를 수립한 후 제4권(434d-435a)에서 관련 논의를 재개한다. 그런데 이 과정에서 유비의

기본 가정이 미묘하게 바뀌고 있다.[34]

애초에 유비는 편의상 국가와 영혼이 규모만 다를 뿐 동일한 구조로 되어 있다는 검증되지 않은 가정에서 출발한 것이었다. 그런데 제4권에 이르면 소크라테스는 국가와 영혼의 구조적 유사성을 기정사실화하고, 유비관계를 확증된 사실로 받아들이고 있다.[35] 소크라테스는 만일 큰 것(국가)에서 작은 것(개인)의 원리를 파악하는 데 문제가 발생하면, 즉 만일 개인에게서 다른 어떤 것이 나타난다면 다시 국가로 되돌아가서 시험해 보며, 이 둘을 관찰함에 있어서 점화용 나무토막을 마찰시키듯 정의의 빛을 발하게 하자고 제안한다(434e-435a). 작은 문자를 해독하기 위해 큰 문자를 살펴보겠다는 소극적인 유비의 시도에서, 작은 문자에 적용할 만한 원칙을 발견하지 못하면 큰 문자의 원칙에 수정을 가하겠다는 적극적인 유비의 시도로 바뀐 것이다(제4권의 5). 즉 제2권에서 수단으로 시작된 유비 프로젝트의 성격이 제4권에 이르러 목적 자체로 변화되었다.

그뿐 아니라 소크라테스는 유비의 방향성도 확장하고 있다. 애초에 유비의 방향성은 국가에서 개인으로 향하는 것이었지, 개인에서 국가로 향하는 역방향은 존재하지 않았다. 국가와 개인은 완벽한 대칭을 이루는 것이 아니라, 정의와 관련하여 편의상 규모가 큰 국가를 먼저 관찰하고 그 구성 원리를 개인에게 적용하려는 것이었다. 그럼에도 불구하고 제4권에서 소크라테스가 최선의 국가를 수립한 후, 이 국가의 원칙을 가지고 개인의 원칙을 유추하려고 할 때, 유비의 제한적 성격은 망각되고 국가와 개인 사이에 완벽한 대칭적 유사성이 존재하는 것처럼 간주된 것이다.

유비를 통해서 개인의 정의를 쉽게 발견할 수 없다면, 유비 프로젝트는 효용을 상실하는 것이다. 그럼에도 불구하고 소크라테스는 국가-영혼의 유비가 무너뜨릴 수 없는 원칙이라도 되는 양, 논리적으로 다소 불완전함에도 유비의 병렬적 구조를 유지하려고 애쓴다. 이는 유비를 수단으로 삼았던 애초의 의도에 비추어 볼 때 본말이 전도된 것이다.

사실 영혼이 국가와 동일한 숫자와 동일한 특성을 가진 부분으로 구성된다고 가정하는 것은 영혼과 국가 간에 비례적 대칭성이 존재한다는 가정이나 다름없다.[36] 애초에 소크라테스가 제안했던 것은 국가와 영혼에 정의가 동시에 존재할 수 있으며, 국가의 정의는 오직 그 구성원들이 어떻게 행위하느냐에 따라 결정된다는 것이었다. 이를 고려하면, 국가와 영혼을 구성하는 부분의 숫자와 성격, 구성 원리가 모두 동일하다고 보는 것은 애초에 설정했던 유비에 비해 상당히 확장된 것이다.

개인의 삶에서 정의가 무엇인지 발견하고, 궁극적으로는 훌륭한 삶이 무엇인가를 확인하고자 도입한 유비에 왜 이처럼 많은 난제가 뒤따르는가? 플라톤이 문제적 성격의 유비를 그의 정의론에 도입한 목적을 따져 볼 필요가 있다.

공화주의적 덕과 '영혼의 정치'

최선의 국가, 즉 로고폴리스에서 정의는 각 계급이 자기 일을 하는 것이며, 이는 결국 공동체의 공동선을 위해 각자 맡은 소임을 다해야 한다는 공화주의적 덕이 강조된 것이다. 그러나 앞서 살펴본 바와 같이 구성원들이 사회적으로 주어진 역할을 다한다고 해서 그들의 영혼이 정의롭다고 단정할 수 없다. '공화주의적 정의'와는 다른, 엄밀한 의미로 규정되는 '영혼적 정의'를 충족시키기는 훨씬 어렵다. 가장 정의로운 국가에서조차 다수의 구성원이 엄밀한 의미의 영혼적 정의에 도달하지 못한다는 것은 앞에서 확인한 바와 같다. 극히 일부에 해당하는 통치자, 즉 철학자들만이 공화주의적 정의와 함께 영혼적 정의에 도달할 수 있다.

플라톤은 이러한 구도 속에서 공화주의적 정의의 온전한 실현 가능성을 시사한다. 정의로운 국가의 시민 대다수는 영혼적 정의 측면에서는 미흡하지만, 적어도 각자 자기 일을 하며 공동체의 유지와 번영을 위해 노력한다는 점에서 공화주의적 정의를 실천하는 자들이다. 문제는 이들의 영혼은 불완전한 상태여서 부정의의 유혹에 빠지기 쉽다는 것이다. 이들이 강자의 정의론에 현혹되지 않고, 공화주의적 정의를 지속적으로 추구하기 위해서는 정치의 궁극적 목적을 영혼의 조화에 둘 필요가 있다. 즉 지속 가능한 공화주의적 정의의 실현을 위해서는 '영혼의 정치'가 필요하다.

플라톤이 유비 프로젝트를 무리하게 확장하면서 얻어낸 것은 이와 같은 '영혼의 정치'를 제시한 것이라고 할 수 있다. 정치의 목적을 가시적인 대상에서 영혼과 같은 비가시적인 대상으로 전환하기란 쉽지 않다. 유비 프로젝트는 이러한 시각의 전환을 유도하는 데 매우 유용한 기제다. 플라톤은 모든 사람들이 영혼적 정의를 실현할 수는 없더라도 적어도 공화주의적 정의를 실현할 수 있도록 하기 위해서 영혼의 조화를 정치의 궁극적인 목적으로 제시했다. 지극히 가시적이며 현실적인 요소를 담고 있는 정치 영역을 비가시적인 영혼과 접목시킴으로써, 정치공동체의 모든 구성원들이 공화주의적 정의라도 실현할 수 있도록 만든 것이다. 영혼을 경유하지 않았다면 소피스트의 정치관에 익숙한 사람들이 트라쉬마코스의 '강자의 정치', '강자의 정의관'의 유혹에서 좀처럼 벗어나기 어려웠을 것이다.

플라톤은 유비 프로젝트를 통해서 '영혼을 정치적으로' 다루는 동시에 '정치를 영혼적으로' 다루었다. 유비 구조 안에서 영혼을 구성하는 각 부분 간의 관계는 '이성이 욕구를 지배한다'는 식의 정치적인 용어로 규정된다. 또한 국가의 각 계급은 영혼의 세 부분 중 하나를 대변하는 것으로 규정된다. 예컨대 통치자(철학자)는 이성적인 부분, 수호자(군인)은 기개적인 부분, 생산자는 욕구적인 부분과 짝지어짐으로써 사회적 계급이 영혼적 용어로 묘사된다. 이로써 플라톤은 정치와 영혼 사이에 다리를 놓고, 양자를 결합한 '영혼의 정치'를 주창한 셈이다.

영혼의 정치가 실현되기 위해서는 정치공동체에 속해 있는 모든 구성원이 공동체의 문제를 숙의하는 과정에서 좋은 삶과 영혼의 조화를 최우선적으로 고려해야 한다. 문제는 '영혼의 정치'의 필요성을 모든 사람들이 같은 방식으로 받아들이는 것은 아니라는 점이다. 영혼의 정치를 실현하는 데 있어서 철학자는 지혜를 가장 중요한 요소로 평가하지만, 수호자는 용기를, 생산자는 부를 최고의 가치로 평가한다.

지혜와 용기와 부는 모두 공동체에 필요한 요소다. 이 요소들이 어떤 방식으로 조화를 이룰 때 영혼의 정치가 온전히 실현될 것인가를 이해하려면, 이상국가가 성립되는 과정을 좀 더 자세히 들여다볼 필요가 있다. 이상국가의 성립은 유비 프로젝트의 전제 조건이다. 앞서 유비 프로젝트의 구조적 성격과 그 문제점을 살펴보려고, 그것의 전제가 되는 이상국가의 성립 과정에 대한 논의는 잠시 유보했다. 이제 다음 장에서 이상국가의 구체적인 성립 과정을 살펴보기로 하자.

말로 만든 이상국가, '로고폴리스'

'돼지들의 나라'에서 '사치스러운 나라'로

유비 프로젝트에 따라 국가에서 정의를 찾아내기로 한 소크라테스와 글라우콘은 가장 이상적인 국가를 만드는 데 합의한다. 이상적인 국가라면 분명 그 안에 정의가 존재할 것이므로, 이상국가를 만들고 나서 정의가 어떤 모습으로 존재하는지 밝혀 보겠다는 생각이다. 이들이 만드는 이상국가는 현실에 존재하는 (혹은 존재할 수 있는) 국가일 필요가 없다. 애초의 목적이 가장 바람직한 국가 안에서 정의의 모습이 어떠한지를 밝혀내는 데 있었으므로 이상국가의 실현 가능 여부가 관건은 아니기 때문이다. 이상국가에서 정의의 모습을 밝히기 위해서는 이상국가의 특징을 말로 적절히 그려내는 것으로 충분하다. 소크라테스와 글라우콘, 아데이만토스가 만든 이상국가는 말로 만든 국가(polis en logo), 즉 '로고폴리스'다. 제2권부터 제4권까지 그려지는 이상국가는 '로고폴리스'로 칭하기로 한다.

소크라테스는 우선 국가 수립의 필요성을 분업에서 찾는다. 인간은 완벽하게 자족할 수 없고, 필요에 따라 공동생활을 할 수밖에 없다. 따라서 최초의 국가는 인간이 각자의 필요를 충족시키기 위해 자신에게 주어진 성향에 따라 서로에게 음식, 의복, 주거지를 제공하는 노동의 분업에서 출발한다. 분업의 동기는 분업에 따른 효율성뿐 아니라 인간이 각기 다른 성향을 갖고 태어난다는 사실에도 기반을 둔다. 우여곡절 끝에 로고폴리스에서 발견한 정의는 '성향에 따라 한 사람이 한 가지 일을 하는 것'인데, 이 정의는 최초의 국가에 일찌감치 내재해 있었던 원칙이다(370c).

소크라테스는 최소한의 국가가 최선의 국가가 되기 위해서 무엇이 필요한지 탐구한다. 최소한의 국가에서 더 효율적인 분업이 이뤄지기 위해서는 직종을 늘려야 하고, 그것이 적정한 수준에 이를 때까지 인구도 늘어나야 한다. (로고폴리스는 말로 만든 국가이므로 적정하다고 판단되는 모든 것을 구상할 수 있다!) 로고폴리스의 구성원들은 적정한 규모의 국가에서 최소한의 필요를 충족시키며 자족한 상태로 살게 될 것이다. 그런데 이 대목에서 글라우콘이 최소한의 국가를 '돼지들의 나라'라고 칭하며 불만을 토로한다(372d).

글라우콘이 생각하는 바람직한 나라는 최초의 나라보다는 호화로운 의식주를 누리는 '사치스러운 나라'였다. 사실 소크라테스는 글라우콘에게 불만스럽기 짝이 없는 '돼지들의 나라'를 '진정한 국가', '건강한 나라'로 칭하고, 반면 글라우콘이 선호하는 '사치스러운 나라'를 '곪은 국가'로 칭한 바 있다(372d-e). 그렇다고 소크라테스가 최소한의 나라를 고집할 이유는 없다. 로고폴리스를 만드는 목적이 정의를 찾아내는 것이었으니, 사치스러운 나라에서도 정의를 찾아내기만 하면 그만이다. 사치스러운 나라가 염증이 있는 나라일지라도 염증의 치료 내지 정화를 수행한다면, 그곳에서 정의를 찾는 데에는 별 문제가 없을 것이다.

그런데 글라우콘이 요구하는 수준의 사치를 충족시키려면, 국가의 크기가 훨씬 크고 더 다양한 직종이 있어야 한다. 생존을 위해 필요한 욕구를 충족시키는 것과 달리 사치는 다소 '불필요한 욕구'의 충족을 위한 것이므로 이런 사치를 허용하기 위해서 국가는 상당한 부를 확보해야 한다. 소크라테스는 여기서 로고폴리스가 사치에 필요한 부를 확보하기 위해 불가피하게 전쟁을 수행해야 함을 지적한다(373d-e).

수호자와 부(富)

로고폴리스가 부를 축적하기 위해서는 주변국을 침략하고 강탈하는 일이 불가피하다. 주변국 역시 비슷한 입장에 있다는 것을 안다면, 로고폴리스는 심각한 안보위협에 직면하게 된다. 국가가 안보위협에서 벗어나기 위해서는 강력한 군사력이 필요하다. 소크라테스는 충직하고 강인한 수호자(군인) 계급의 필요성을 역설한다. 어쩌면 로고폴리스의 성패는 수호자 계급이 얼마나 성공적으로 안보위협을 해소하느냐에 달려 있다. 그런데 소크라테스는 수호자들이 갖추어야 할 자질로 강한 전투력과 함께 동료 시민들에 대한 충성심을 강조한다. 로고폴리스에서 무력을 행사할 수 있는 자는 이들뿐이므로 이들이 반란을 일으키면 국가의 존립 자체가 위태로워지기 때문이다.

소크라테스는 수호자가 갖추어야 할 용맹과 충성심이라는 자질을 낯선 대상에 대해서는 난폭한 반면 친근한 대상에 대해서는 온순한, 혈통 좋은 개의 특성에 비유한다(375a-c). 이처럼 대외적으로는 용맹하고 대내적으로는 충성스러운 수호자를 길러내는 것이 로고폴리스 존립의 결정적인 요소로 제시된다. 이런 맥락에서 소크라테스는 로고폴리스가 허용하는 부의 정도나 영토의 크기는 수호자의 교육 목적에 부합하는지를 따져서 결정해야 한다고 주장한다. 즉 국가의 부나 영토의 크기는 수호자가 대외적으로는 용맹하고 대내적으로는 충성스러운 자질을 유지할 수 있는가에 따라 결정되어야 한다는 것이다. 국가의 부와 영토가 지나치게 커지면, 수호자들은 파당을 지어 싸우고 시민들 간에 '우애(philia)'가 형성될 수 없다. 애초에 수호자는 로고폴리스의 부를 지키기 위해서 존재했지만, 지나친 부는 오히려 수호자의 존재를 위태롭게 한다.

로고폴리스의 대외정책과 '국제적 정의'

일반적으로 플라톤 연구자들에게 로고폴리스의 국제정치적 상황은 관심의 대상이 아니었다. 그러나 로고폴리스가 수호자를 잘 교육시켜 내부적으로 충성심을 발휘하게 하더라도, 대외적 위협에 적절히 대처하지 못하면 로고폴리스의 존립은 위태로워진다. 더구나 로고폴리스는 시민들 간의 우애를 다지기 위해 영토의 지나친 확대나 부의 추구를 자제하므로, 거대한 영토를 가진 국가를 상대로 안보위협을 느낄 수 있다. 이런 맥락에서 아데이만토스는 로고폴리스가 크고 부유한 국가의 공격을 적절히 방어해낼 수 있을지 우려를 표명한다(422a).

이에 대한 소크라테스의 답변은 원론적이다. 규모가 큰 국가는 대부분 파당으로 나뉘어 있기 때문에 하나의 국가라고 보기 어렵지만, 시민들 간의 화합과 우애를 규모의 기준으로 삼은 국가야말로 진정한 의미에서 '하나의 국가'이고, '사실상 가장 큰 국가'라는 것이다(422b-423a). 충성심을 발휘할 수 있는 로고폴리스의 수호자들이 크고 부유한 국가의 군인들보다 용감하고 강인하므로 더 막강한 전투력을 발휘할 수 있다는 것이다. 중요한 것은 영토의 크기나 부의 정도가 아니라, 수호자의 자질이라는 원론적인 주장이다.

현실적으로 부유하고 규모가 큰 국가가 상대적으로 취약하다는 주장을 곧이곧대로 받아들이기는 어렵다. 당시의 역사적 맥락에서 아테네 제국이 강대해질 수 있었던 것은 헬라스의 자원과 자금이 아테네로 모였기 때문이다. 이러한 사실을 플라톤이 모를 리 없다.[37] 이런 맥락에서 플라톤은 냉혹한 국제정치 현실 속에서 비교적 규모가 작고 부유하지 않은 국가가 생존할 가능성을 더 구체적으로 입증할 필요가 있었다. 소크라테스는 로고폴리스가 취할 수 있는 대외정책을 제시하는데, 그 내용은 후술하는 바와 같이 대단히 현실주의적인 입장을 취하고 있다.

첫째, 소크라테스는 동맹을 통해 로고폴리스의 안보를 확보할 수 있음을 지적한다. 소크라테스는 로고폴리스가 적국들 중 한 나라에 사절을 보내 다음과 같이 동맹을 제안하는 상황을 묘사한다(422d). "우리는 금과 은을 사용하지 않소. 그대들에게는 그것을 소유하는 것이 합법이지만, 우리에게는 불법이기 때문이오. 그러니 그대들은 우리 동맹군이 되어 싸우고, 다른 나라의 재물을 모두 취하시오." 소크라테스와 아데이만토스는 자신들이 건설한 로고폴리스의 잠재적인 적국이 이러한 제안을 받아들일 것이라고 확신한다.

둘째, 아데이만토스는 로고폴리스가 상대할 나라가 복수(複數)가 아니라 부유한 하나의 국가일 경우에 대해서도 문제를 제기한다. 이에 대해 소크라테스는 부유한 국가가 사실상 하나의 국가가 아니라 빈자와 부자로 나뉘어 있음을 상기시키고, 한쪽의 재물과 세력 또는 사람들을 다른 쪽에 넘겨주면서 상황을 유리하게 만들 수 있다고 주장한다(423a). 즉 부유한 적국의 내란을 조장해 위기를 모면할 수 있다는 것이다.

요컨대, 로고폴리스가 취할 수 있는 대외정책이란 적국들을 이간하면서 동맹을 맺거나 적국의 내란을 조장하는 것이다. 로고폴리스의 대외정책에 대한 언급이 비교적 적은 분량을 차지하고, 또 그 내용이 정의로운 국가의 대외 정책이라고 보기에는 저속하고 비열한 측면이 있다. 전통적인 플라톤 연구자들은 이 부분을 아예 무시하거나 논외로 하는 경향이 있지만, 로고폴리스가 국제적 고립을 상정하지 않는다는 것이 밝혀졌으므로, 플라톤의 국제정치관에 대해서 좀 더 검토할 필요가 있다.

로고폴리스를 수립하는 과정에서 플라톤이 지지하는 것으로 보이는 대외정책은 부정의를 행하는 것을 개의치 않는 다분히 '현실주의적' 국제관에 기초해 있다. 그러나 잘 알려진 바와 같이, 《국가》는 적어도 개인의 차원에서는 '정의를 행하는 것이 항상 이득'이라는 것을 논변한 대화편이다. 그렇다면 이러한 플라톤적 정의는 국가 간의 관계에서는 더 이상 유효하지 않다는 것인가? 우리의 관심은 플라톤적 정의가 국제적으로 확장되는 것이 현실적으로 가능한지 여부가 아니라, 플라톤이 자신의 정의론을 국제정치 영역에까지 일관되게 적용하고자 했는가 하는 것이다. 국제정치 영역에서도 정의 문제가 대두된다는 것을 플라톤이 몰랐을 리 없다.[38]

한편 제5권에는 현실주의적 대외정책과는 구별되는 이른바 정전론(正戰論)의 요소들이 발견된다.[39] 제2권에서 소크라테스는 수호자가 누구에게 적대적이어야 하고, 누구에게 우호적이어야 하는가에 대한 원칙이 있어야 한다고 주장한다(375b-c). 이는 곧 전쟁 개시의 권리(jus ad bellum)와 관련 있다. 소크라테스는 또한 전쟁 수행상의 법(jus in bello)도 제시한다. 우선 헬라스 전체를 동족(同族)으로 규정하고, 동족 간의 불화는 전쟁이 아닌 내분(stasis)으로 간주하며(470b), 적어도 헬라스인들 간의 전쟁에서는 시체를 유린하고(469e), 농지를 약탈하고, 가옥을 불태우며, 남녀 불문하고 상대국의 사람들을 적으로 간주하는(471a-b) 기존의 전쟁 관행을 비판한다.[40] 전체적으로 보면, 적어도 헬라스인들에 대해서는 잔인함을 삼가야 한다는 것인데, 이는 헬라스 세계를 중심으로 한 배타적 우월감에 기초한 것이라는 한계가 있지만, 분명 정전론적 입장을 취한 사례라고 할 수 있다.[41]

이렇게 보면, 플라톤의 《국가》에는 로고폴리스의 대외정책과 관련하여 현실주의와 정전론이라는 이질적으로 보이는 두 개의 국제정치관이 공존한다. 어떤 국제정치관이 플라톤의 정치철학적 입장을 진정으로 반영한 것인가? 플라톤을 현실주의자로 해석할 수 있는 근거는 로고폴리스의 생존을 위한 대외전략에서 발견된다. 이 부분이 로고폴리스의 대외정책에 관한 직접적인 언급이지만, 이것이 곧바로 플라톤 정치철학의 국제정치적 성격을 규정한다고 단정하기는 어렵다. 또한 《국가》 제5권에서 발견되는 정전론적 요소도 그것이 어떤 의미에서 플라톤적 정의의 기본 원칙과 일관성을 갖는가를 확인하기 전에는, 플라톤이 전적으로 정전론적 입장만 지지한다고 해석하기도 어렵다. 제5권에 나타난 정전론에 관한 언급은 사실 기원전 8세기에서 5세기에 헬라스인들이 공유하고 있었던 전쟁의 관행을 반복한 측면이 있다.[42] 요컨대, 《국가》에는 플라톤적 국제관의 단서가 될 만한 요소가 부분적으로 발견되지만, 그것이 플라톤의 정치철학과 유기적으로 연결되어 있다는 근거를 찾지 못하는 한, 어느 것도 플라톤의 입장이라고 단정하기 어렵다는 것이다.

국제정치적 관점에서 다시 본 트라쉬마코스와 폴레마르코스

앞에서 '부정의한 것이 강하다'라는 트라쉬마코스의 명제에 대한 소크라테스의 논박(351a-352c)을 살펴본 바 있다. 이제 국제정치적 관점에서 이 부분을 재검토해 보자. 트라쉬마코스의 주장에서 부정의를 행할 수 있는 자는 사소한 부정의를 저지르는 자가 아니라 부정의를 행하고도 처벌을 받지 않을 만큼 막강한 권력을 가진 자다. 이러한 상황은 개인들보다는 힘의 격차가 확연하게 드러나는 국가들 사이에서 더 잘 발견된다. 이런 맥락에서 소크라테스는 트라쉬마코스의 주장을 국가 간의 관계로 치환해서 반론을 제기한 바 있다.

소크라테스는 나라나 군대는 말할 것도 없고, 하물며 강도단이나 도둑의 무리 또는 그 어떤 집단이라 할지라도 공동으로 뭔가를 도모하기 위해서 내부적으로 부정의를 행한다면, 대외적으로 결코 힘을 발휘할 수 없음을 지적한다(351c). 소크라테스는 되풀이해서, 부정의가 깃든 곳에는 그것이 나라든 씨족이든 군대든 간에 내부적으로 대립과 불화를 초래해서 아무것도 해낼 수 없다고 주장한다(352a).

나아가 아무리 부정의한 집단이라도 그들 사이에는 어떤 형태로든 최소한의 정의가 깃들어 있어야 한다는 점을 강조한다(352c-d). 소크라테스가 예시한 강도단과 같이 대외적으로 부정의를 행하면서, 내부적으로 최소한의 정의를 유지하는 경우가 이에 해당한다. 강도단은 외적으로 부정의하지만, 강도단 내부의 규율이 유지될 정도의 정의(그것을 '정의'로 일컬을 수 있는가는 논외로 하더라도)만 있다면 대외적으로 힘을 발휘할 수 있다. 이는 적어도 외적 부정의와 내적 정의의 공존이 가능함을 의미한다.

그럼에도 불구하고 소크라테스는 극단적으로 부정의한 집단, 즉 내부적으로나 대외적으로나 완벽하게 부정의한 집단만을 상정하고, 그러한 경우에 아무런 힘을 발휘하지 못한다고 주장한다. 소크라테스가 이렇게 극단적인 상황을 가정한 이유는 무엇일까? 아마도 이 대목에서 설득하고자 하는 바가 부정의한 국가나 집단에 대한 것이 아니라, 부정의한 인간에 대한 것이기 때문일 것이다. 개인의 경우는 국가나 집단과 달리, 외적으로 부정의를 행하기 위해 내적으로 최소한의 정의만을 유지한다는 것이 사실상 불가능하다.

이렇게 보면 소크라테스는, 개인이든 국가든 전적으로 부정의한 경우에는 아무 일도 할 수 없다고 설득하지만, 적어도 집단의 경우에는 외적인 부정의와 내적인 정의가 공존할 가능성을 열어 놓았다. 소크라테스는 사실상 국가도 이 범주에 들어가는 것으로 상정한다. 도적단이 대외적으로 부정의한 행위를 하지만 내부적으로는 어느 정도 정의가 유지되듯이, 국가도 내적 상태와 대외적 행위 간에 불일치가 나타날 수 있다. 우리의 상식도 국내적으로 정의로운 국가라도 대외적으로 부정의한 행위를 하는 것을 허용한다. 특히 근대적 주권 개념에 따라, 국내적으로는 시민들 간의 우애와 정의를 추구하면서도 대외적으로는 국가의 이익을 위해서 부정한 행위를 하는 것에 비교적 관대한 편이다.

그런데 이처럼 내적 상태와 외적 행위 간의 불일치를 용인하는 것은 국가를 도적단과 동일시한 결과라는 사실에 주목할 필요가 있다. 국가의 구성원인 시민들이 자신들을 규모가 큰 도적단의 일원으로 여기면서 살아갈 수는 없다. 국가는 도적단과 달리 최소한의 정의가 아니라 가급적 높은 수준의 정의를 추구해야 한다. 대외정책에서 국가의 부정의는 국가의 내적 상태뿐 아니라 국가의 구성원인 개인의 영혼에도 부정적인 영향을 미치기 때문이다.

플라톤은 여기서 도적단과 국가를 등치시킴으로써, 국가가 대외적으로 부정의를 행하는 것에 둔감한 우리의 인식에 일침을 가한다. 도적단은 최소한의 정의만 있으면 도적질을 할 수 있을 것 같고, 국가는 국내적으로만 정의가 유지된다면 대외적으로 부정의를 행하는 것에 문제가 없을 것 같지만, 국가나 도적단이나 할 것 없이 외적으로 부정한 행위를 하는 것은 그 구성원들에게 부정적인 영향을 미칠 수밖에 없다는 것이다.

플라톤은 국가가 대외적으로 행한 부정의가 어떻게 대내적으로 부정의를 유발하는지를 직접적으로 논증하지 않았다. 다만 앞에서 검토한 유비의 구조를 고려하면, 국가의 대외적 부정의가 국내적 정의를 잠식할 가능성을 유추해 볼 수 있다. 예컨대, 국가가 대외적으로 이익을 극대화하기 위해 팽창과 침략을 거듭한다고 가정해 보자. 이러한 국가의 시민들은 일시적으로는 팽창적 제국의 지위를 자랑스러워할지 모르지만, 다른 한편으로 국가의 이런 행태를 개인 간의 행위에서도 모방할 것이고 이는 결국 사회적 부정의와 국력의 쇠퇴를 초래할 것이다.

물론 대외적으로 부도덕한 행위를 한다고 해서 당장 국가가 와해되는 것은 아니며, 국가의 국제적 지위와 명예에 고무되어 여전히 국가에 충성을 보이는 이들도 있을 것이다. 그러나 국가의 대외적 부정의가 늘어나면, 이를 모방하여 타락하는 시민들도 늘어날 것이고 국력의 쇠퇴 역시 시간문제가 될 것이다. 요컨대, 국가가 대외적인 행위에서 보이는 '플레오넥시아'가 내부로 전이되어 결국 사회의 기본 도덕이 와해될 수 있다. 이러한 상황을 막기 위해서 국가는 대외적으로 힘을 발휘할 때 매우 조심스런 태도를 취해야 하며, 부정의한 대외정책을 지속적으로 선택하는 것을 경계해야 한다는 것이 플라톤의 암묵적 메시지라고 할 수 있다.

다음으로 폴레마르코스와 소크라테스의 대화를 국제정치적 관점에서 검토해 보자. 폴레마르코스는 친구에게는 이득을, 적에게는 해를 주는 것을 정의라고 규정한다 (332d). 일견 타당해 보이는 폴레마르코스의 공동체적 정의관에 대해 소크라테스는 의문을 제기한다. 우선 소크라테스는 친구와 적을 어떻게 구분할 수 있는지, 그리고 무엇이 친구에게 주어야 할 이득이고 무엇이 적에게 가해야 할 해인지 정확하게 알아낼 수 있는가를 의심한다 (334c-335a). 소크라테스의 문제 제기처럼 인간사에서 진정한 친구와 적, 그리고 절대적인 의미의 이득과 해를 규정하기란 쉽지 않다.

그럼에도 불구하고 폴레마르코스는 이것을 문제라고 여기지 않는다. 개인사에서는 양자의 구분에 왕왕 오해가 있을지 몰라도, 적어도 국가적 차원에서는 누가 적이고 친구인지, 무엇이 마땅히 적에게 가해야 할 해이고, 친구에게 주어야 할 이득인지는 국가가 정해 주는 것에 따르면 되기 때문이다. 그러나 적국과 우방국은 불변하며, 국가가 설정한 국익은 의심할 바 없는가?[43]

국제관계에서 영원한 우방과 영원한 적국이란 존재하지 않는다. 또 한때 국익으로 여겨졌던 것이 어느 순간 국가에 해가 될 수 있고, 그 역도 성립한다. 개인사뿐 아니라 국제관계에서도 장기적이고 포괄적인 관점에서 좋음(Good, 善)에 대한 지식이 전제되지 않는 한, 우적 구분이나 이득과 손해의 개념은 일시적인 것에 불과하다. 여기서 좋음에 대한 지식이란 단지 국익과 관련해서, 좀 더 먼 미래를 내다볼 수 있다거나, 기술적으로 좀 더 세밀하게 국익을 산정할 수 있는 능력을 의미하는 것이 아니다. 국익이 근본적으로 무엇인지 알아내기 위해서는 가장 보편적인 좋음이 무엇인지 알아야 하고, 이와 관련된 지식은 적어도 국가의 범주를 훨씬 초월하는 전체[44]에 대한 지식을 전제로 한다.

사실 이러한 포괄적인 지식을 추구하는 사람은 철학자밖에 없다. 이런 맥락에서 플라톤은 가장 포괄적인 지혜, 즉 '좋음의 이데아'를 추구하는 철학자를 이상국가의 통치자로 내세웠다(473d). 국가가 제시하는 '좋음'을 수호자들이 맹목적으로 받아들인 것은 이들이 자신의 땅에서 나고 자랐으며 계급적 위치까지도 땅에 의해서 정해졌다고 하는(414d-415c) 일종의 '고상한 거짓말'을 받아들였기 때문이다. 적어도 철인왕은 이런 '고상한 거짓말'을 믿지 않는다(414b-c). 폴레마르코스의 정의관에 대한 소크라테스의 반론은 대외정책을 수행함에 있어서 통치자들은 수호자들에게 요청되는 용기나 충성심뿐만 아니라 지혜가 필요하고, 이 지혜는 가장 포괄적이고 보편적인 의미의 지혜여야 한다는 것을 강조한다.

소크라테스는 또한 정의로운 자는 어떤 상황에서도 남에게 해를 가할 수 없다는 논지를 펼치면서 폴레마르코스의 정의관을 반박한다(335b-c). 이러한 소크라테스의 논지를 국제정치에 적용하면, 정의로운 국가는 국내적으로 정의롭고 좋음을 유지하기 위해서라도 다른 국가를 부당하게 공격하거나 해를 가해서는 안 된다는 결론에 이른다. 이런 결론은 어떤 경우에도 무력을 사용하지 않는 평화주의와 닮아 있다. 그러나 플라톤이 말하는 국제정치적 정의가 평화주의라고 단정할 수는 없다. 포괄적이고 보편적인 좋음의 관점에서 '이득과 해'가 무엇인지 밝혀지지 않은 이상, 모든 무력 사용을 부정의한 것으로 해석할 수는 없기 때문이다.

문제는 이러한 '좋음'의 지혜를 추구하는 철학자가 통치자가 되는 것이 대단히 비현실적이라는 것이다. 플라톤의 정치철학을 철학의 절대적 권위를 바탕으로 전체주의를 주입시키기 위함이라고 해석하는 이들을 제외하고는, 플라톤의 철인왕 기획을 액면 그대로 받아들이는 해석자는 많지 않다.[45] 무엇보다 이런 지혜를 추구하는 철학자들은 적어도 자발적으로 통치에 임하지 않는다.[46] 또 이론적으로는 좋음의 이데아와 관련된 지혜가 필요하지만, 현실적으로는 이러한 지혜를 온전히 갖춘 자를 발견하기 어렵다는 문제도 있다. 사실 철학자란 이러한 지혜의 존재를 믿고 추구할 뿐이지, 그것을 이미 획득한 자라고 할 수 없다. 이러한 사정을 감안하면, 플라톤이 국제관계에서 포괄적이고 광범위한 지혜의 필요성을 주장한 것은 철인왕의 지혜를 기대한다기보다, 대중으로 하여금 철학자의 존재를 인정하게 하고, 철학자의 성향을 좇아 절제나 정의를 대외정책에 수용하라고 암시하는 것이라고 해석할 수 있다.

플라톤은 철인왕이 통치하는 국가를 구상했는가[47]

실현 가능성의 대안으로 제시된 철인왕

제2권부터 제4권까지 소크라테스와 글라우콘, 아데이만토스는 영혼과 국가의 유비를 통해 정의를 규정하는 데 일단 성공했다. 그런 다음 소크라테스는 정체와 영혼이 각각 어떤 퇴보 과정을 거쳐 열등한 정체와 열등한 개인에 이르게 되는지 검토하고자 했으나, 아데이만토스와 폴레마르코스는 로고폴리스의 성립 과정에서 중요한 쟁점이 누락됐다면서 소크라테스를 제지한다(449c-d). 이들은 소크라테스가 나중에 '세 개의 파도'(472a)라고 칭한 문제를 제기한다. 그중 첫 번째가 수호자들의 교육에서 양성 평등한 대우에 관한 것이고(451d-457b), 두 번째는 수호자들의 사유재산을 인정하지 않고 처자를 공유하게 하는 비정상적인 가족제도에 관한 것이며(457c-461e), 세 번째가 로고

폴리스의 실현 가능성에 관한 문제다(473d-474b).[48]

첫 번째 쟁점과 관련해서, 소크라테스는 수호자의 역할 수행이 성별 구분과 직접적 연관성이 없다고 설명한다. 두 번째 쟁점과 관련해서, 소크라테스는 그러한 제도가 부자연스럽긴 해도 적어도 그 제도가 수호자의 역할을 수행하는 데에는 유리하다고 변호한다. 사실 사유재산과 전통적인 가족제도를 부인하는 것은 매우 비상식적이다. 그럼에도 불구하고 아데이만토스와 폴레마르코스가 그것의 기능적 효과만 주목해서 별다른 이의를 제기하지 않은 것은 이들의 논의 대상이 실현 가능성을 고려하지 않는 로고폴리스였기 때문이다.

로고폴리스의 실현 가능성 문제를 제기하는 세 번째 쟁점은 앞의 두 쟁점과는 다른 성격을 띤다. 앞의 두 쟁점이 '바람직함'의 관점에서 로고폴리스의 실현 가능성 문제를 잠정적으로 유보했다면, 세 번째 쟁점은 앞에서 유보했던 실현 가능성 문제를 다시 소환한 것이다. 로고폴리스의 실현 가능성 문제는 앞의 두 쟁점보다 심각한 문제다. 만약 로고폴리스의 실현이 전적으로 불가능하다면, 논의 전체의 타당성이 위태로워질 수 있기 때문이다. 로고폴리스가 세상 어딘가에 이미 존재하거나 일정한 매뉴얼만 적용하면 자동적으로 실현될 수 있다고 주장할 필요는 없지만, 그것의 실현 가능성이 전적으로 배제된다면 그것의 '바람직함'마저 의심하게 된다. 이 때문에 소크라테스는 '세 번째 파도'를 가장 심각한 도전으로 간주한다(472a, 473c).

세 번째 파도에 대한 소크라테스의 해답은 철인왕이 통치하는 국가다. 소크라테스는 철학자가 왕이 되거나 왕이 철학을 한다면, 즉 정치권력과 철학이 결합한다면 로고폴리스의 실현이 가능하다고 주장한다(473c-474a). 철인왕에 의한 로고폴리스의 실현 가능성을 주장하는 소크라테스의 제안은 글라우콘과 아데이만토스에게는 사실 예상 밖의 일이다. 그럼에도 불구하고 이들은 별다른 이견을 제시하지 않고, 어떤 사람이 철학자인지를 확인하는 작업을 시작으로 철학자의 태생적 조건과 교육 프로그램을 구상하는 데 몰두한다(474b-540c).

우선 소크라테스는 철학자가 일반인들과 어떻게 구별되는지 논의한다. 철학자는 말 그대로 '지혜를 사랑하는 사람'이다. 이때 지혜는 일부분이 아닌 온전한 것에 대한 지혜를 말한다(475b). 따라서 철학자는 '참으로 있는(~인) 것'에만 관심을 갖고, 지성과 진리를 추구하며, 앎(epistēmē)에 이르는 것을 삶의 목적으로 삼는다. 이런 철학적 삶이 크나큰 진통을 수반하더라도 철학자는 결코 이러한 삶의

방식을 멈추지 않을 것이라고 소크라테스는 밝힌다(490b).[49]

그런데 소크라테스는 철학자와 일반인을 구별하는 과정에서 철학에 대한 대중의 편견과 혐오를 확인한다. 소크라테스는 대부분의 사람들이 철학자를 쓸모없는 자라고 평가하는 현실을 '배의 비유'를 통해서 설명한다. 국가로 은유되는 배에서 선주는 말솜씨가 좋은 이들에 현혹되어 조타술에 능숙한 이들을 배제할 뿐 아니라 쓸모없는 천체 관측자로 취급한다는 것이다(488a-e, 제6권의 1).

철학자에 대한 편견은 철학자가 부당하게 핍박받을 가능성을 열어 놓을 뿐 아니라, 철인왕 기획을 무산시킬 수도 있는 심각한 문제다. 소수의 철학자가 정치권력을 획득하기 위해서는 일반인 다수의 지지가 필수적이다. 그럼에도 불구하고 소크라테스는 철학자들이 어떤 방식으로 다수로부터 정치권력을 승인받을 수 있는가와 관련된 현실적인 해법을 제시하지 않는다. 다만 소크라테스는 '배의 비유'를 소개한 후, 방금 트라쉬마코스와 친구가 됐다고 언급함으로써 철학자가 수사학의 지원을 받을 가능성을 암시한다(498d). 소크라테스가 전형적인 소피스트이자 수사학자로 알려진 트라쉬마코스와 어떻게 친구가 될 수 있었는지는 언급되어 있지 않다. 다만 이 대목은 플라톤이 철학에 대한 편견을 없애기 위해서 수사학의 지원도

받아들일지 모른다는 의심을 불러일으킨다.[50] 그럼에도 소크라테스는 철학자가 대중적 편견과 혐오를 극복하기 위해 무엇을 해야 하는지 구체적으로 언급하지 않는다. 대신 전혀 새로운 문제를 제시하며 철인왕 기획의 여러움을 토로한다. 소크라테스가 제시한 새로운 문제는 철학자는 본성상 정치권력과 결코 결합할 수 없다는 점이다.

문제적 성격의 철인왕 기획과 플라톤의 숨은 의도

철인왕 만들기가 난항을 겪는 것은 대중의 편견과 혐오가 작동하기도 전에, 철학자가 원초적으로 권력을 거부하기 때문이다. 요컨대, 모든 교육 과정을 마친 철학자들은 철학의 즐거움을 너무나 잘 알기에 결코 권력을 소유하려 들지 않는다는 것이다. 철학자가 통치를 거부한다는 가정은 로고폴리스의 실현 가능성을 주장하기 위해 고안된 철인왕 기획에 심각한 타격을 준다. 그런데 문제의 심각성에 비해 소크라테스가 내놓은 해법은 간결하다. 모든 교육 과정을 마친 철학자들에게는, 그들이 달가워하지 않더라도 철학적 삶을 중단시키고 정치 활동에 종사하도록 '강요(anagkaion)'하면 된다는 것이다(제7권의 2). 동굴로부터 빠져나와 철학자가 된 이들이 더 이상 동굴 밖에서 머무는 것을 허용해서는 안 되고 다시 동굴로 강제 귀환시켜야 한다는 것이다.

일견 간결해 보이는 이 해법에 대해 글라우콘은 심각한 문제를 지적한다. 철학자들에게 통치를 강요하는 것은 이들이 더 나은 삶을 누릴 수 있음에도 열등한 삶을 살도록 강요하는 것이므로, 이들에게 부정의를 저지르는 결과를 초래한다는 것이다(519d). 철학자들을 동굴로 강제 귀환시켜 통치를 강요하는 것이 부정의가 된다는 것은 심각한 문제가 아닐 수 없다. 철인왕이 통치하는 칼리폴리스(kallipolis)[51]의 궁극적 목적이 구성원의 영혼의 조화를 최대한 보장하는 것일진대, 최고로 조화로운 삶을 살 수 있는 철학자들을 칼리폴리스가 방해하는 것이 되기 때문이다.

이런 글라우콘의 문제 제기에 소크라테스는 국가 전체의 이익을 위해서 철학자들 역시 어느 정도 희생을 감수해야 한다고 응수한다(519e-520a). 여기서 소크라테스는 마치 단순한 공리주의자인 양 말하는데, 글라우콘은 이러한 소크라테스의 견해를 순순히 수용하는 태도를 보인다. 철학자를 강제하는 문제와 관련하여, 소크라테스는 글라우콘을 충분히 설득했는가? 이 문제는 잠시 미뤄 두기로 하자.

그전에 풀어야 할 것은 현실적으로 철학자에게 어떻게 통치를 강요할 것인가 하는 점이다. 환한 세상에서 어두운 동굴로 철학자들을 귀환시키는 가장 간단한 방법은 물리적 강제력을 동원하는 것이다. 그러나 동굴 밖에 이들을 물리적으로 강제할 만한 세력은 존재하지 않는다. 동굴의 은유에서 벗어나, 현실에서 철학자들에게 통치를 강요할 세력을 생각해 보더라도 어려움은 마찬가지다. 현실에서는 대중이 철학자들을 강요할 수밖에 없는데, 대중은 철학에 대해 강한 편견을 갖고 있고 심지어 철학을 혐오하기도 하므로 이들이 철학자들에게 통치를 맡길 가능성은 희박하다.

이런 사정을 고려하면, 철인왕 기획이 성공할 수 있는 유일한 방법은 철학자들이 자발적으로 통치에 참여하는 것이다. 여전히 강제의 요소가 필요하다면, 그것은 철학자들이 어떤 의무감 때문에 마지못해 통치에 임하는 일종의 '자기 강제'가 되어야 할 것이다.[52] 자기 강제를 실현시키기 위해서라도 철학자를 설득하는 일은 중요하다. 플라톤은 이 작업을 성공적으로 수행하고 있는가?

소크라테스는 철학자들을 설득할 수 있는 근거로 교육적 혜택을 제시한다. 즉 철학자들은 국가로부터 양육과 함께 가장 훌륭한 교육을 받았으니, 이제는 동료들과 번갈아 동굴로 내려가 어둠 속에서 보는 것에 익숙해져야 한다는 것이다(520c). 이에 글라우콘은 소크라테스가 제시한 바를 수용하며 통치에 나서도록 철학자들을 설득하는 것은 '올바른 사람들(dikaioi)'에게 '올바른 것들(dikaia)'을 지시하는 것이라 보고(520a), 모든 철학자는 통치하는 것을 어쩔 수 없이 불가피한 것(anagkaion)에 임하듯 행하게 될 것이라고 답한다(520e).

그러나 이와 같은 설득이 모든 철학자들에게 수용될 수 있는지는 의문이다. 애초에 글라우콘이 제기했던 문제(철학자들이 더 나은 삶을 살 수 있음에도 열등한 삶을 강요당하는 것)는 여전히 풀리지 않은 채로 남아 있다. 그나마 철학자가 정치에 참여해야 하는 이유는 자신의 영혼을 위해서가 아니라 국가로부터 받은 교육적 혜택에 보답하기 위해서라고 설득할 수 있지만, 이러한 설득에 기초한 정치 참여는 기본적으로 비자발적인 것이다. 비자발성은 온전한 설득의 결과라고 할 수 없다. 이 때문에 글라우콘은 여전히 철학자들이 '불가피한 것에 임하듯' 통치에 참여한다고 지적한다. 무엇보다 국가로부터 교육적 혜택을 받지 못한 철학자들에게 이와 같은 설득은 완전히 효력을 상실하고 만다. 따라서 철학자들이 모두 이와 같은 논리에 설득되어 정치 참여 요구에 순순히 따를 것을 소크라테스가 가정한다고 보기 어렵다. 철학자들이 그들이 받은 교육적 혜택을 고려해서 정치 참여 요구를 거부하기 어려울 것이라는 기대는 철인왕이 탄생할 수 있는 실낱같은 희망에 불과하다.

플라톤은 왜 이러한 문제적 성격을 가진 철인왕 기획을 구상한 것일까? 그의 숨은 의도를 살펴볼 필요가 있다. 우선, 다음과 같은 두 가지 의문점이 생긴다. 첫째, 소크라테스는 철학자로 길러진 이들의 통치 거부가 철인왕 기획에 내적 모순을 초래한다는 것을 잘 알고 있으면서 왜 정치권력을 거부하는 철학자의 이미지를 강조하는가? 둘째, 철인왕이 탄생하기 위해서는 정치권력을 획득하기 위한 현실적인 조치가 필수적인데, 소크라테스는 왜 이에 대한 논의를 생략했는가? 결론부터 말하면, 소크라테스가 철인왕 기획에 내적 모순을 심어 놓은 것은 철인왕을 출현시키는 것이 사실상 불가능함을 암시하기 위한 것으로 보인다. 이제 이러한 암시를 통해 플라톤이 궁극적으로 의도한 바가 무엇이었는지 살펴보자.

사실, 철인왕 기획에서 철학자를 설득하기 위해 소크라테스가 제시한 방법이 효과를 거둘 것인가는 학자들 사이에서 논란거리였다.[53] 소크라테스가 제시한 설득의 근거에는 철학자들이 국가로부터 양질의 무상교육을 받은 수혜자라는 사실이 자리하고 있다(520b). 제6권과 제7권에 제시된 바와 같이 이들은 음악 및 체육 교육 중심의 예비 교육 20년(536d-537a), 산술학·수학·기하학을 중심으로 한 10년간의 교육(변증술 수련을 위한 예비교육, 537b-c), 5년간의 변증술(dialektikē) 교육(537d-539d)과 15년간의 정치 훈련(539e-540a)을 받는데, 이렇게 훌륭한 교육을 받은 은혜를 저버리는 것은 도덕적으로 용납할 수 없다는 것이다. 더구나 순번을 정해 번갈아 통치를 맡는 것으로 되어 있어서 철학자의 희생은 비교적 적을 수 있음에도 철학자들이 이를 회피한다면, 이들은 무임승차자라는 비난을 면치 못할 것이다. 철학자들은 이러한 도덕적 비난에서 벗어나기 위해서라도 통치에 참여해야 한다는 것이 설득의 요지다.[54]

철학자는 형상(eidos)을 추구하는 자로서, 자신이 추구하는 형상을 영혼뿐 아니라 사회나 국가에 투영시키는 것을 자신의 역할로 여기고, 통치에 참여하여 이상적인 국가를 만드는 것을 철학적 활동의 연장으로 간주한다고 해석하는 학자들도 있다.[55] 이런 주장은 제1권(347c)에서 철학자들이 국가를 통치함으로써 자신보다 못한 이들에게 지배당하는 피해를 막을 수 있다고 말한 소크라테스의 주장과도 부합한다.

그러나 소크라테스가 철학자들을 설득할 수 있다는 해석은 소크라테스가 철인왕 기획에서 '강요'라는 단어를 수차례 사용하는 이유를 만족스럽게 설명하지 못한다.[56] 철학자에게 통치의 필요성을 설득할 수 있다면, 소크라테스는 왜 강요의 필요성을 반복적으로 역설하는지 납득하기 어렵다. 설득이 성공적이면 강요는 불필요하고, 철학자들이 그 당위성을 충분히 인정했다면 추가적인 설득은 불필요하기 때문이다.

철학자들에 대한 설득을 둘러싼 해석의 어려움은 소크라테스의 다음과 같은 논지에 의해 더욱 가중된다. 소크라테스는 교육 과정 이수뿐 아니라 통치에 거부감을 보이는 것을 철인왕의 중요한 자격 요건으로 꼽는다. 소크라테스는 통치할 사람들이 통치하는 일에 가장 열의가 적은 나라가 가장 훌륭하고 조용하게 통치된다고 강조한다(520d). 즉 통치하기를 가장 꺼리는 사람들이 통치를 담당해야 한다는 것이다(521b). 어떤 이유에서든 진심으로 통치하기를 원하는 철학자가 생긴다면, 이들은 이때부터 이상적인 통치자의 자격을 상실한다. 요컨대 소크라테스가 철학자들을 설득하는 데 실패해야 그들이 진정한 통치자가 될 자격이 있고, 따라서 그들이 통치하기 위해서는 언제나 강요가 수반되어야 한다는 역설적인 결론에 이르게 된다. 이러한 역설적인 결론에 이르는 철인왕 기획을 통해 플라톤이 의도한 바는 무엇인가?

소크라테스는 철학자가 결국 통치에 임하게 될 것이라고 기대하지만, 그가 제시한 설득의 내용이 철학자들에게 과연 효과적인지는 의심스럽다. 더구나 소크라테스는 철학자가 통치할 필요성이 대두되기 전까지는 줄곧 정치적 삶보다 철학적 삶이 훌륭하다는 견해를 피력해 왔다. 그는 특히 잠재적 철학자들이 섣불리 정치에 뛰어들어 타락할 가능성에 대해 강한 우려를 표명했고(492a-c), 정치적 풍랑을 견뎌 내기 어려운 대부분의 철학자들은 조용한 삶을 유지하는 것이 정치적 삶을 사는 것보다 훨씬 낫다는 점을 강조하기도 했다(496d). 이런 소크라테스가 철학자의 통치와 정치 참여를 설득하려면, 지금까지 부정적으로 묘사되어 온 정치적 삶을 새롭게 해석할 근거가 필요하다.

정치철학자 레오 스트라우스(Leo Strauss)는 소크라테스가 제시한 설득 내용의 진정성을 심각하게 의심해야 하며, 나아가 철학자들을 설득하는 것이 사실상 불가능함을 보여 주는 것이 플라톤의 의도라고 주장한다.[57] 요컨대 철인왕 기획은 칼리폴리스의 실현이 사실상 불가능함을 보여 주려는 플라톤의 의도라는 것이다.

《국가》 곳곳에서 칼리폴리스가 현실적으로 존재하기 어렵다는 지적이 보이는 것은 사실이다. 그러나 칼리폴리스가 완전히 불가능한 것만은 아니라는 언급도 텍스트에 동일하게 나타난다(499c-e, 502a-c, 520e-521a, 540d). 플라톤이 진정으로 칼리폴리스의 실현을 의도했는가에 대한 추정은 《국가》를 저술한 플라톤의 의도를 해석하는 데 매우 중요한 단서가 된다. 여기서는 그 결론을 유보하는 대신 철인왕 기획에서 가장 중요한 변수는 철학자와 대중의 관계라는 점을 지적하고자 한다. 현실적으로 철인왕이 출현하는 데 가장 걸림돌이 되는 것은 철학(자)에 대한 대중의 혐오와 거부감이다. 그럼에도 불구하고 《국가》는 이를 해소하기 위한 노력보다는 철학자 스스로 권력을 거부하는 문제를 집중적으로 다루고 있다. 그런데 여기에는 철학자와 대중의 대립을 완화하려는 플라톤의 의도가 깔려 있다고 볼 수 있다. 철학자를 강요하고 설득하는 것은 철학자에게는 효과적이지 않더라도 철학에 대한 대중의 혐오를 완화하는 효과를 거둘 수 있다는 것이다.

플라톤은 철인왕 기획에 내적 모순을 심어 놓음으로써 철학에 대한 대중의 혐오를 완화하는 한편, 철학자들을 대상으로는 일반적인 의미의 통치가 아니라 그들이 받아들일 만한 넓은 의미의 정치 참여를 설득하고 있다고 해석할 수 있다. 플라톤이 이처럼 복잡한 방식으로 철학자를 설득해야 하는 이유는 철학과 정치의 결합이 철학자와 대중의 갈등, 더 넓게는 철학과 정치의 갈등이라는 조건

하에서 성사되어야 하기 때문이다.

이러한 해석이 철인왕 기획에 역설적 문제를 심어 놓은 플라톤의 진정한 의도와 부합하는가는 여전히 논란의 여지가 있다. 다만 여기서 주목하고자 하는 것은 플라톤이 칼리폴리스의 성립과 관련하여 철학자와 대중의 갈등, 더 넓게는 철학과 정치의 갈등을 심각하게 고려하고 있었다는 점이다.

대중과 철학자의 갈등과 화해 가능성: '배의 비유'

대중과 철학자의 갈등, 더 넓게는 정치와 철학의 갈등을 염두에 둔다면, 이제 우리는 플라톤이 철인왕 기획을 성사시키기 위해 누구를 대상으로 어떤 내용을 설득하고 있는가를 검토해야 한다. 대중들 사이에 철학에 대한 편견과 혐오가 가득한 상황이라는 점을 감안하면, 단순히 철학자들을 설득하는 것만으로 문제가 해결되지 않는다. 사실 로고폴리스는 백지상태에서 말로 세워지는 비현실적인 국가다. 그러나 실현 가능성을 전제로 하는 칼리폴리스는 부정의와 철학에 대한 편견과 혐오 등이 만연한 현실에서 탄생해야 하는 과제를 안고 있다. 플라톤이 당면

한 어려움은 철학자들이 설득에 순순히 응하지 않는 것만이 아니라, 철학이 사회적으로 무가치하고 사악하다는 평판에 휩싸여 있기 때문이다.

플라톤은 철인왕 기획을 성사시키는 데 이중의 부담을 안고 있다. 즉 한편으로는 철학자들을 대상으로 철학적 삶을 잠시 멈추고 정치에 참여하도록 유도해야 하고, 다른 한편으로는 철학에 대한 대중의 편견과 혐오를 완화시켜 철학자의 정치 참여를 현실적으로 용이하게 만들어야 한다. 문제는 이 두 방향의 설득이 동일한 텍스트 안에서 이루어져야 한다는 것이다. 게다가 설득해야 할 대상이 서로 갈등 관계에 놓여 있기 때문에, 설득할 내용을 노골적으로 드러낸다면 목적을 달성하기 어려울 수도 있다. 이 때문에 플라톤은 철인왕 기획의 역설적 요소를 활용하여 철학에 대한 대중적 편견을 완화하고, 철학자의 정치 참여를 유도했다고 볼 수 있다.

이런 해석은 플라톤이 철인왕과 이상국가의 실현 가능성을 전적으로 부정했다고 보는 해석(예컨대, 레오 스트라우스의 해석)과 구별되며, 플라톤이 철학자에게만 통치를 맡김으로써 이상국가를 실현하고자 했다는 전통적인 해석(예컨대, 칼 포퍼의 해석)과도 구별된다. 플라톤이 고안한 철인왕 기획은 철학자들에게는 정치 참여를 가미한 새로운 의미의 철학적 삶을 제안하고, 대중에게는 철학적 삶을 가장 훌륭한 삶으로 간주할 수 있는 새로운 의미의 정치 개념을 제시한 것으로 봐야 한다. 그렇다면 플라톤은 이 복합적인 작업을 어떻게 수행하고 있는가?

제6권에서 소크라테스는 아데이만토스에게서 대중이 철학에 심각한 반감을 갖고 있음을 전해 듣는다. 철학이 사회적으로 무용할 뿐 아니라 사회악이라는 견해가 대중들 사이에서 지배적이라는 것이다(487c-d). 그런데 철학자에 대한 대중의 평가는 오해에 기초한다. 플라톤의 '배의 비유'는 특히 민주정하에서 철학자에 대한 대중의 오해와 이에 대한 소크라테스의 냉소를 잘 나타낸 것으로 알려져 있다(488a-e). 그러나 소크라테스는 여기서 철학에 대한 대중의 부정적 인식을 묘사하는 것에 그치지 않았다. 자세히 보면 소크라테스는 대중이 부정적 인식을 갖게 된 원인을 지적하고, 아울러 이러한 인식에 철학자가 어떻게 대응해야 하는가를 암시한다.

이 비유에서 선주는 아테네의 주인, 즉 데모스를 의미한다. 청력과 시력이 좋지 않은 선주는 항해술에 능하다고 자처하는 아첨꾼들, 즉 선동가들이나 세속적 정치인들에게 쉽게 둘러싸인다. 진정한 항해사인 철학자들은 선원들에게 별을 보는 사람, 즉 항해술(정치)에 능하지 못한 쓸모없는 인간으로 비친다(제6권의 1). 이 비유는 민주정에 대한 플라톤의 강한 반감을 나타내는 예로 자주 인용된다. 예컨대 '배의 비유'에 등장하는 선주는 진정한 항해사와 아첨꾼을 구별하지 못하는 무지한 사람으로 묘사된다. 이런 묘사는 항해사와 아첨꾼을 구분하지 못하는 대중을 비난하는 플라톤의 입장을 잘 표현한 것으로 해석된다.

그런데 '배의 비유'를 조금 다른 각도에서 보면, 소크라테스가 궁극적인 비판 대상으로 삼은 것은 데모스가 아니라 아첨꾼들인 아테네의 선동가들과 사이비 정치인들임을 알 수 있다. 철학이 사회적으로 해악이 된다는 대중적 인식의 오류를 지적하면서도, 플라톤은 그러한 인식을 야기한 궁극적인 원인을 철학의 자리를 꿰차고 들어온 사이비 정치인들과 소피스트들에게서 찾는다(492b-c). 즉 철학이 사회적으로 해악이 된다는 편견은 철학자의 잘못도 대중의 잘못도 아닌, 사이비 정치인들과 소피스트들에게서 시작된 악순환의 고리 때문이라는 것이다. 이처럼 편견의 근본 원인으로 아첨꾼들을 지목한 것은 데모스를 폄하하지 않으려는 조심스러운 태도라고 볼 수 있다.[58] 플라톤은 대중 사이에 만연한 철학 무용론을 경계하면서도, 되도록 그들의 심기를 건드리지 않으려고 수사적 방편을 쓰고 있는 것이다.

대중을 향한 플라톤의 설득 전략은 철학에 대한 그들의 편견을 누그러뜨리는 것이었다. 철학에 대한 대중적 편견의 완화는 잠재적으로 철학적 자질은 가지고 있으나 아직 미성숙한 자들이 너무 일찍 정치 참여의 유혹에 빠지지 않고, 우호적인 조건에서 철학적 훈련을 지속할 수 있도록 하며, 궁극적으로는 그들이 진정한 철학자가 됐을 때 정치에 참여할 수 있도록 하기 위함이다. 플라톤은 또한 대중이 실제로 철학에 대한 편견을 완화할 가능성이 있음을 시사한다. 이런 맥락에서 소크라테스는 제6권(499e-500a)에서 데모스, 즉 대중을 매우 긍정적으로 묘사한다(제6권의 5).

이 단락은 데모스의 개선 가능성에 대한 플라톤의 긍정적인 견해와 함께, 철학에 대한 데모스의 편견을 개선하기 위해서 누가 솔선해야 하는지 보여 준다. 철학에 대한 편견이 만연하고, 그로 인해 철학적 기질을 타고난 이들이 제대로 된 교육을 받지 못해 타락하면, 철학의 자리를 불순한 이들이 차지하게 되어 철학에 대한 인식이 더욱 악화되는 악순환에 빠지고 만다. 그 악순환의 고리를 끊을 수 있는 사람은 진정한 철학자뿐이다. 진정한 철학자들이 대중에게 본을 보이는 것 말고는 어떤 방법으로도 철학에 대한 편견을 제거할 길이 없다. 진정한 철학자가 대중과 소통하지 않는 한 통치의 영역은 사이비 정치인들로, 철학의 영역은 사이비 철학자들로 채워진다고 경고하는 것이다(495c-d).

철학자가 철학의 위상을 정립하기 위해 대중에게 철학의 본을 보이고, 대중과 소통을 시도하는 것은 순수한 의미의 철학적 활동과는 구분된다. 대중적 설득과 소통은 그것 자체로 통치는 아니지만, 넓은 의미의 정치 참여를 의미한다. 대중과의 소통을 시도하는 것은 철학자가 동굴로 돌아오는 것과 다르지 않다. 철학에 대한 편견을 완화시키고, 사이비 정치가의 출현을 막는 데 철학자가 역할을 해야 한다면, 대중을 상대로 한 철학자의 설득과 소통, 넓은 의미의 정치 참여는 필수적이다.

대중과 철학자에 대한 이중 설득

그렇다면 왜 소크라테스는 철학자의 정치 참여를 더 분명하게 주장하지 않았을까? 그것은 철학자가 정치에 참여할 필요성을 강조할수록 철학자에 대한 편견과 오해가 지속될 가능성이 크기 때문이다. 대중은 여전히 철학자에 대해 편견을 가지고 있어서, 철학자들 중 일부가 독재의

야심을 품고 있다고 의심할 수 있다. 이런 상황에서 철학자의 정치 참여를 공공연하게 주장하는 것은 철학에 대한 대중의 반감을 불러일으킬 소지가 있다. 이런 맥락에서 플라톤은 '철학자들에 대한 강제의 필요성'이라는 수사적 장치를 고안해 낸 것이다. 정치를 가장 싫어하는 사람들에게 정치 참여를 강요할 수밖에 없다는 소크라테스의 주장은, 철학자들이 자발적으로 정치에 참여하거나 독재를 시도할 가능성이 전혀 없음을 시사한다. 철학에 대한 편견을 완화시키려는 플라톤의 의도는 이와 같은 수사적 장치를 통해 시도된 것이다.

플라톤이 해결해야 할 또 다른 문제는 정치 참여를 거부하는 철학자들을 대상으로 정치 참여의 당위성을 설득하는 것이다. 조용히 철학적 삶을 살아가는 것을 최고로 여기는 철학자들에게, 정치 참여가 그들의 철학적 삶과 부합할 수 있다고 설득하는 것은 결코 쉬운 일이 아니다.

표면적으로 철학자들을 설득하는 방법은 그들이 국가로부터 받은 교육에 보답해야 한다고 지적하는 것이다. 그러나 이런 설득은 국가로부터 오랫동안 교육을 제공받지 않은 철학자들의 경우에는 그 의미를 상실한다. 사실 철학자들을 양성하는 교육을 실시하는 국가는 로고폴리스뿐이다. 현실에 존재하는 어느 국가도 이런 교육을 제공하지 않기 때문에 철학자에 대한 표면적인 설득은 유효하지 않다. 소크라테스는 이 대목에서 우연한 기회에 철학자가 통치하거나, 통치자가 진정한 철학자여야 한다는 현실성이 없는 원칙론을 되풀이한다. 왜 플라톤은 철인왕의 실현 가능성과 관련해서 이처럼 애매한 입장을 취하는 걸까? 플라톤은 대중이 철학자에 대한 설득을 실효성이 없는 것으로 해석해 주기를 기대한 듯하다. 철학자를 설득하지 못한다는 것은 철인왕의 출현이 불가능하다는 것을 의미하는데, 이는 철학에 대한 대중의 편견을 완화하는 데 도움이 된다.

그렇다고 소크라테스가 철학자의 정치 참여를 전면적으로 부정한 것은 아니다. 소크라테스는 왕이 되는 것과는 다른 방식으로 철학자의 정치 참여 필요성을 설득한다. 이 설득은 암묵적인 방식으로 이뤄진다. 소크라테스는 우선 철학과 정치의 조우 가능성을 배제하지 않는다(예컨대, 499c-d, 502c). 소크라테스는 여기서 표면적으로는 모호한 논지를 펼치지만, 철학자들이 그의 의도를 이해해 줄 것으로 기대하는 듯하다. 철학자들에게 소크라테스가 전달하고자 하는 암묵적 메시지는 무엇인가?

소크라테스는 제6권의 중간 즈음에 철학자들은 조건이

성숙되어 있지 않는 한, 조용히 자신의 일에만 전념하면서 철학적 삶을 살 수밖에 없다는 논지를 제시한 바 있다(496c-e). 여기까지는 철학자의 정치 참여를 부정적으로 평가하는 전통적인 해석과 일치한다. 아데이만토스도 정치에 전혀 관여하지 않는 철학적 삶이야말로 정말 대단한 것을 성취하고 떠나는 것이라고 맞장구친다(497a). 아마도 아데이만토스는 소크라테스의 긍정적 반응을 기대했겠지만, 소크라테스가 보인 반응이 다소 의외다. 소크라테스는 조용히 철학적 삶만 사는 사람들은 결코 최대의 것을 성취한 것은 아니며, 이는 자신에게 어울리는 정체를 만나지 못했음을 의미한다고 지적한다(497a). 만약 자신에게 맞는 정체를 만났다면 개인적인 것들과 함께 공동의 것들도 구제할 수 있어서 더욱 성장했겠지만, 조용한 삶을 살았다는 것은 자신과 어울리는 정체를 만나지 못했음을 의미한다는 것이다. 여기서 더 나아가 소크라테스는 철학자가 자신과 어울리는 정체를 만나 자신의 성장뿐 아니라 공동의 것을 성장시키는 것이 철학자로서 최대의 성취임을 강조한다. 철학자에게 어울리는 정체는 칼리폴리스뿐이다. 그런데 칼리폴리스가 '본(paradeigma)'으로 제시되었다는 사실을 상기할 때, 자신과 어울리는 정체를 만나지 못한 경우에 철학자가 최대의 것을 성취하려면, 그가 처한 현실에서 최대한 칼리폴리스에 근접하기 위해 노력을 기울여야 한다는 결론에 이른다. 즉 철인왕이 되는 것이 현실적으로 불가능한 상황에서 철학자는 자기 성장을 위해서 어떤 방식으로든 공공의 것에 기여해야 한다는 것이 철학자들을 대상으로 한 플라톤의 암묵적인 설득이다.

요약하면, 플라톤이 철인왕 기획을 통해 잠재적 철학자들에게 전달하고자 하는 메시지는 공적인 일에 등을 돌리고 조용히 철학적 삶을 살거나 정치권력을 잡아 철인왕의 삶을 사는 것이 아니라, 철인왕의 국가를 본으로 삼아 공동체를 위해 기여할 수 있는 제한된 의미의 정치적 삶을 살아야 한다는 것이다. 이러한 암묵적 메시지에 담겨 있는 또 다른 설득은 공동체에 기여하는 것이야말로 철학자가 자신의 영혼을 성숙시키는 데 필수적인 요소라는 것이다.

타락한 정체와 타락한 인간의 유형

타락한 정체-인간의 유비

철인왕 기획은 많은 문제점을 노출했지만, 적어도 글라우콘에게 철학적 삶이 가장 훌륭하고 가장 행복한 삶이라는 확신을 심어주는 데에는 성공했다. 이제 소크라테스는 제5권에서 착수하려다 아데이만토스에 의해 가로막혀 유보했던, 가장 정의로운 삶이 가장 행복한가를 확인하기 위해서 부정의한 삶의 특징을 검토하는 작업으로 돌아간다.

소크라테스는 여기서도 제2권에서 사용한 바 있는 유비 구조를 원용한다. 즉 타락한 정체의 유형을 분류하고, 그것으로부터 타락한 인간의 유형을 추론하는 방식이다. 소크라테스는 이상적인 정체에서 타락해 가는 순서에 따라 명예정체, 과두정체, 민주정체, 참주정체라는 네 가지 유형을 차례로 검토하면서 각 정체의 특징을 묘사한 후, 그 특징에 대응하는 인간의 유형을 제시하는 형식을 취한다.

정의로운 인간의 특징을 찾아내기 위해서 앞서 진행했던 유비 프로젝트와 비교할 때 제8권부터 시작되는 타락한 정체와 타락한 인간의 유비에서는 몇 가지 새로운 특징이 발견된다.

첫째, 앞선 유비에서는 가장 이상적인 국가를 만들기 위해 현실적인 문제를 고려하지 않고 말로써 국가를 세우는 작업에 착수했다면, 타락한 정체와 타락한 인간의 유비에서는 상당 부분 경험적으로 존재하는 국가를 전제로 논의가 전개된다. 이런 맥락에서 소크라테스는 크레타나 라코니아 정체, 과두정체, 참주정체 등 헬라스인이나 이방인들에게 익숙한 정체를 거론하면서 논의를 시작한다(544c-d).

둘째, 타락한 정체는 지배적인 요소에 의해 그 성격이 규정되는데, 이런 성격은 정체의 타락을 부추겨 더 타락한 다른 정체로 이행하게 한다. 예컨대 명예정체는 승리와 명예를 사랑하는 인간이 지배자로 부상하면서 탄생한 것인데, 이 정체에 처음부터 존재하고 있던 재물에 대한 욕심 때문에 차츰 재산을 더욱 중시하여 재산이 많은 사람에게 통치를 맡기는 과두정체로 이행한다. 과두정체에서 통치자들은 사회적으로는 낭비를 부추기면서 자신의 재산을 불리는 데 힘쓰는데, 그 결과 무엇이든 마음먹은

대로 할 수 있는 지나친 자유(exousia)를 최우선으로 여기는 이들이 다수가 되고, 이들은 혁명을 통해 민주정체를 탄생시킨다. 이처럼 타락한 정체들이 그 정체의 특성을 유지하지 못하고 유동성을 보이는 것은 최선의 정체가 안정적이고 조화로운 상태를 유지하는 것과 대조를 이룬다.

셋째, 타락한 정체로부터 도출된 타락한 인간은 (앞선 유비와 달리) 영혼의 내적 상태에 대한 설명보다는 일상적인 삶에서 무엇을 가장 가치 있는 것으로 추구하는가를 기준으로 묘사된다.[59] 명예정체적인 인간을 설명할 때에도 소크라테스는 영혼에 대한 묘사보다는 승리를 좋아하며 명예를 사랑하는 인간에게서 나타나는 일상적인 모습을 그리는 데 훨씬 많은 부분을 할애한다(548e-549a). 과두정체적인 인간에 대한 묘사 역시, 영혼의 내적 상태보다 모든 행위가 탐욕스러운 돈벌이와 재물에 대한 사랑으로 귀결된다는 삶의 외적 양태를 강조한다(553b-c). 민주정체적인 인간의 묘사에서도 영혼의 상태보다는 모든 종류의 쾌락을 추구함으로써 일상적인 삶의 모습이 얼마나 '다채롭게' 나타나는지를 적나라하게 보여 준다(560c-561d). 타락한 정체를 논하면서 소크라테스가 왜 영혼 중심의 정의관과 거리를 두고, 세속적이고 일상적인 차원의 정의관으로 눈높이를 낮췄는가에 대해서는 잠시 뒤에 따져볼 것이다. 여기서 확인하고자 하는 것은 제8권과 제9권의 논의 자체가 실천적이고 실용적인 차원의 정의관에 기초하고 있다는 사실이다.

넷째, 타락한 정체에는 그 정체의 속성과 유사한 유형의 인간이 지배자로 등장하지만, 이들이 그 정체에서 다수를 차지하는 것은 아니다. 예컨대, 과두정체의 지배자인 부유층은 소수에 불과하다. 정체의 속성은 지배자에 의해서 결정되지만, 모든 구성원이 그 정체의 속성을 공유하는 것은 아니라는 점은 로고폴리스의 유비에서도 문제로 제기됐던 부분이다. 잠깐 앞선 논의를 상기해 보자면, 로고폴리스의 속성은 각 계층이 자기 일을 한다는 것인데, 영혼의 관점에서 완벽하게 그런 속성을 가진 인간은 통치자인 철학자밖에 없다. 결과적으로 가장 정의로운 국가인 로고폴리스에서조차 엄밀한 의미에서 정의로운 인간은 극소수에 불과하다는 문제가 발생했다. 이 문제를 '해결'하는 한 가지 방법으로 영혼의 관점에서 엄밀하게 규정되는 정의와는 다른, 일상적이고 세속적인 관점에서 느슨한 의미의 정의를 인정하는 방안을 제시했었다. 느슨한 의미의 정의는 적어도 세속적 관점에서 비도덕적 행위를 하지 않는다는 의미에서 '세속적 정의'라고 하고, 공동체에서 남의 일에 간섭하거나 질투하지 않고 사회적 소임을 성실히 이행한다는 의미에서 '공화주의적 정의'라 칭하기도 한다. 로고폴리스의 모든 구성원은 적어도 느슨한 의미에서는 정의롭다고 할 수 있으므로, 극소수만이 정의롭다는 비판에서 벗어날 수 있다.

타락한 정체에서 그 정체의 속성을 규정하는 인간이 소수에 불과하다는 지적에 대해서도 동일한 해법을 고려해볼 수 있다. 그러나 로고폴리스와 달리 타락한 정체에서는 영혼의 상태뿐 아니라, 세속적인 관점에서도 정체를 규정하는 인간 유형이 다수라고 보기 어렵다. 예컨대 과두정체에서 지배자가 되는 부자는 소수일 뿐 아니라 돈을 좋아하고 욕구를 지배자로 둔 과두정체적인 인간은 소수에 불과하다. 정체의 특성과 구성원의 특성이 일치하지 않는다. 이런 문제는 참주정체에서 극단적으로 나타난다. 참주정체에서 참주는 유일하게 참주정체적인 영혼을 갖고 있으며 동시에 참주가 된 인간이지만, 나머지 사람들은 참주가 아니며 참주정체적인 영혼을 가진 이들도 아니다.

요컨대, 타락한 정체와 타락한 인간 유형의 유비는 앞서 살펴본 로고폴리스의 유비와 비교할 때, 현실적이며 세속적인 특성을 강하게 반영한다. 특히 타락한 정체의 유비에서 각 정체의 속성과 상응하는 영혼을 묘사할 때도 영혼의 내적 상태에 집중하기보다, 그 영혼이 일상적인 삶의 영역에서 어떤 즐거움을 추구하는가에 더욱 집중했다. 이런 맥락에서 제9권에서 소크라테스는 즐거움을 기준으로 영혼의 세 부분(이성, 기개, 욕구)을 '배움을 좋아하고 지혜를 사랑하는 부분', '이기기를 좋아하고 명예를 좋아하는 부분', '돈을 좋아하는 부분'(이익을 탐하는 부분)이라고 재정의한다(581c).

소크라테스는 정의를 규정하기 위한 유비에서는 영혼의 문제에 집중하다가, 왜 제8권의 타락한 정체와 인간의 유비에서는 다분히 세속적이고 일상적인 삶의 문제로 관심을 돌리고 있는가? 소크라테스는 정의의 본질이 무엇인가를 해명하는 제7권까지의 논의에서 적어도 글라우콘에게는 철학적 삶이 가장 훌륭하다는 확신을 주는 데 성공했다. 이는 무엇보다 정의의 본질이 영혼의 문제에 집중되어 있다는 것을 입증했기에 가능한 일이었다.

이제 소크라테스에게 남은 문제는 글라우콘처럼 철학적 삶을 결심한 사람들이 그들과는 다른 종류의 삶을 살고 있는 이들과 어떻게 공존할 것인가 하는 점이다. 철학자와 비철학자의 공존 문제는 철인왕 기획이 제시됐을 때도 논의된 바 있으나, 그때는 철학자가 통치하는 가장 이상적인 국가인 칼리폴리스에서의 공존이었다. 사실 글라우콘처럼 일반적인 국가에서 철학적 삶을 살고자 결심한 이들에게는 타락한 정체에서 어떻게 비철학자와 공존할 것인가 하는 문제가 훨씬 중요하다. 실제로 잠재적 철학자들이 삶을 영위해야 하는 공간은 칼리폴리스가 아니라 타락한 정체이기 때문이다. 타락한 정체와 타락한 인간형의 유비에서 영혼의 구성보다 삶의 양태에 초점이 맞춰진 것은 철학자가 현실적인 정체 속에서 어떤 이들을 마주해야 하는가를 구체적으로 보여 주기 위함이다.

이는 현실에서 철학자가 속하게 될 정체의 유형과 유사한 인간 유형을 학습하는 데 효과적이다. 아리스토텔레스가 제시한 정체의 유형에 들어 있지 않은 '명예정체'가 제시된 것도 완벽한 이념형(ideal type)을 위해서라기보다, 지금 막 철학적 삶을 살기로 한 글라우콘에게, 그리고 앞으로 철학적 삶을 결심할 이들에게 '명예정체적인 인간'을 설명해 주기 위함이라고 볼 수 있다.

제8권과 제9권의 논의가 철학적 삶을 살고자 하는 이들에게 현실감을 제공하는 데 그 목적이 있다고 할 때, 플라톤이 가장 염두에 두어야 할 정체는 무엇인가? 두말할 필요 없이 민주정체일 것이다. 아테네 민주정에서 그의 스승이 처형당했을 뿐 아니라 플라톤 자신도 아테네 민주정의 정치적 풍랑 속에서 위험에 노출된 바 있고, 아카데미에 들어온 청년들 역시 민주정체 속에서 철학적 삶을 이어가야 하기 때문이다. 이런 맥락에서 플라톤은 다른 어떤 정체보다도 민주정체에 각별한 관심을 가졌을 것이다. 민주정체와 민주정체적인 인간에 관한 논의가 다른 타락한 정체에 비해서 눈에 띄게 긴 것도 같은 맥락으로 이해할 수 있다(제8권의 3).

민주정체와 민주정체적인 인간의 비대칭적 구조

우선, 유비의 구조 측면에서 민주정체와 민주정체적 인간 유형 간의 비대칭이 다른 정체보다 두드러지게 나타난다는 점은 주목할 만하다. 민주정체는 모든 이들에게 '제멋대로 할 수 있는 지나친 자유'를 부여하고 이 자유에 의해서 어떠한 삶의 방식도 허용한다. 따라서 민주정체는 모든 정체의 인간 유형이 공존하는 다채로운 외형을 갖추고 있다. 또한 소크라테스는 민주정체에서 사실상 모든 형태의 정체가 나타난다고 지적한다. 이렇게 다채로움을 전제로 한 민주정체를 닮은 개인, 즉 민주정체적인 인간은 끊임없이 욕구를 바꿔 가며 삶을 영위한다(561b).

욕구를 '제비뽑기라도 하는 것처럼' 끊임없이 바꿔 나가는 인간을 민주정체적인 인간이라고 할 때, 민주정체가 이런 인간 유형으로 구성됐다고 할 수 있을까? 앞서 민주정체는 마치 정체의 백화점과 같은 속성을 지닌다는 것을 확인했다. 그런데 그와 같은 속성이 유지되려면 일정한 삶의 방식을 지속적으로 유지하는 인간 유형이 존재해야 한다. 끊임없이 삶의 방식을 바꾸는 인간들만 존재한다면 오히려 정체의 다채로움이 생겨날 수 없다. 이런 맥락에서 민주정체에는 모든 종류의 정체를 닮은 인간 유형이 존재하지만, 정작 그 안에 민주정체적인 인간이 존재하는지는 매우 의심스럽다. 즉 민주정체와 민주정체적인 인간 사이에 전제된 유비 구조가 형해화된 것이다. 플라톤은 이런 문제를 감수하면서까지, 왜 민주정체적인 인간을 모든 욕구에 관심을 두고 모든 삶의 방식이 가능한 인간 유형으로 설정한 것일까? 타락한 정체 가운데 민주정체에서만 철학의 가능성을 열어 놓았다는 것이 플라톤의 의도를 파악할 수 있는 하나의 실마리가 될 수 있다.

소크라테스는 민주정체적인 인간을 묘사하며 그가 욕구를 바꿔 가며 삶을 영위하는 와중에 때로는 철학에 몰두하기도 하고, 때로는 정치에 관여하기도 한다고 밝힌다(561d). 《국가》에서 타락한 정체 가운데 철학에 대한 관심이 나타날 가능성이 언급된 것은 민주정체가 유일하다. 민주정체적인 인간에게 철학을 허용한 것은 우연이 아니다. 소크라테스는 민주정체적인 인간을 묘사하면서, 불필요한 욕구 때문에 쫓겨난 이성과 기개가 운이 좋다면, 어느 정도 나이를 먹었을 때 다시 제자리를 찾을 수도 있다고 언급한다(561a-b).[60]

민주정체야말로 철학적 삶을 포용할 수 있다는 것은 오늘날뿐 아니라 당시에도 현실적인 주장이다. 소크라테스가 아테네 민주정체에서 처형당한 것은 사실이지만, 역설적으로 아테네인들은 그를 혐오하면서도 무려 20년 넘게 그의 철학적 활동을 허용하지 않았는가.[61] 과두정체나 참주정체였다면 정권에 눈엣가시인 자를 그렇게 오래 놔두지 않았을 것이다. 제8권과 제9권에서 플라톤은 민주정체가 철학의 존속과 철학자의 생존을 어느 정도 보장할 수 있는 정체라는 점을 넌지시 보여 준다.

플라톤은 민주주의의 적인가?

20세기의 많은 연구자는 《국가》를 플라톤의 반민주적 성향을 드러내는 증거로 간주했다. 플라톤이 반민주적인 성향을 노골적으로 드러낸 소크라테스의 제자였다는 점이 이런 의심을 불러일으킨 단초가 된다. 소크라테스의 소위 '전문가 논지'(기술이 필요한 분야는 해당 기술의 전문가가 담당해야 한다는 것)는 정치 영역에서도 전문가가 필요하고, 따라서 공동체는 전문가가 통치해야 한다는 것으로 해석된다. 이는 추첨을 통해 모든 사람이 관직을 얻을 수 있는 아테네 민주정과는 정면으로 배치된다. 《국가》에서는 소크라테스의 '전문가 논지'를 계승하듯 철인왕에 의한 통치를 제안함으로써 철학자를 통치의 전문가로 내세운 것으로 보인다. 더구나 이러한 철인왕이 문화 전반에 검열을 실시하고, 필요하다고 판단하면 시민들에게 거짓말을 하고(예컨대 한 국가의 구성원은 같은 땅으로부터 나오고 금, 은, 동 성분의 계급으로 나뉜다는 신화, 415a-c), 때로는 우생학적 관점에서 생식 시기까지 조작한다(458c-461e). 이런 부분에 주목하면 플라톤이 한동안 반민주주의자를 넘어 전체주의의 대표 주자로 지목당해 온 것도 무리가 아니다.[62]

플라톤에게 덧씌워진 반민주적이라는 이미지는 지금도 상당 부분 남아 있다. 20세기 중반 전 세계가 전체주의의 위협에 놓였을 때, 전체주의 이데올로기의 기원으로 플라톤이 지목된 것도 같은 맥락이다. 당대의 지적 분위기를 주도했던 칼 포퍼(Karl Popper)가 플라톤의 부정적 이미지를 각인시키는 데 가장 크게 공헌했다. 이어서 민주적 소통을 강조하는 이들도 반플라톤주의를 표방함으로써

자신들의 민주성을 강조하곤 했다.[63]

이들이 플라톤의 반민주성에 대한 근거로 삼고 있는 것은《국가》다. 그러나 이 저작이 과연 플라톤의 반민주성을 입증할 근거가 될 수 있는지는 의문의 여지가 있다. 플라톤의 반민주성을 입증할 때 거론되는 로고폴리스의 여러 제도들은 앞서 살펴본 바와 같이 '말로 만든 국가', 즉 현실과의 괴리를 전제로 한 것이다.《국가》의 어디에도 로고폴리스의 반민주적이고, 나아가 반인륜적 조치들을 그대로 실현할 것이라고 암시한 대목은 없다. 오히려 플라톤의 철인왕 기획은 여러 차원에서 역설적으로 해석되어야 한다는 것을 암시하고 있다. 플라톤의《국가》를 해석해 온 오랜 전통에 따르면, 20세기 초의 지배적인 해석과 달리 플라톤은 철인왕이 통치하는 국가의 실현 가능성을 부정하고 오히려 그것을 시도하는 정치적 이상주의가 얼마나 위험한가를 경고한 것이라는 해석이 지배적이다.[64]

플라톤 연구의 장구한 역사적 맥락에서 보면 플라톤이 반민주적이며, 전체주의의 사상적 발원지라는 해석은 한때의 유행에 불과하다. 1990년대 이후만 하더라도 플라톤이 어느 정도 민주적 사고 틀을 갖고 있었고, 민주주의의 신봉자는 아니더라도 민주주의 개선을 추구했음을 주장하는 연구들이 주를 이룬다.[65]

플라톤이 민주주의자였는지, 민주주의의 적이었는지를 판단하는 것은 플라톤의 문제라기보다 우리 자신의 문제, 더 넓게는 근대 민주주의의 문제인지도 모른다. 근대 민주주의는 아테네 민주주의와 다르게 복합적인 요소를 담고 있다. 우리가 어떤 민주주의를 선호하는가에 따라서 플라톤은 민주주의의 적이 되기도 하고, 민주주의의 약점을 보완해 주는 훌륭한 비판자가 될 수도 있다. 분명한 것은 플라톤을 민주주의의 적으로 몰아세울 목적으로《국가》를 읽는 것은 고전으로서의《국가》를 읽는 우리의 의도에서 가장 멀어지는 길이라는 점이다.

제10권 문제: 시, 신화, 종교

'정의로운 사람은 행복한가?'라는 의문에서 촉발된《국가》의 논의는 제9권에서 어떤 삶이 가장 훌륭한 삶인가에 대한 최종 결론에 도달함으로써 대단원의 막을 내렸다. 물론 그 사이에는 철학적 삶이 가장 훌륭한 삶이라는 것을 뒷받침하기 위해서 정의와 부정의의 본질이 무엇이고, 그것과 관련된 정체와 인간 유형의 특징이 각각 무엇인지에 대한 긴 논의가 전개됐다. 이렇게 보면, 제9권까지의 논의에서 애초에 제기되었던 모든 문제가 해결된 셈이다. 그렇다면 제10권은 어떤 의미를 갖는가? 학자들은 이미 일단락된 것으로 보이는《국가》의 논의에 덧붙여진 것으로 보이는 제10권이 어떤 의의가 있는가를 물으며 소위 '제10권 문제'를 제기한다.[66]

제10권은 크게 세 부분으로 구성되어 있다. 첫 번째 부분은 이상국가가 온전히 유지되기 위해서는 시민들의 과장된 감정을 부추겨 이성과 지혜의 영역을 축소시키는 시인을 국가에서 추방해야 한다는 논지다(제10권의 2). 두 번째 부분은 시인이 진리와 가장 멀리 떨어져 있는 이미지만을 양산하는 화가와 같다는 논지와 그 연장선상에서 제시된 플라톤적 이데아론이다. 이에 따르면, 앎과 관련하여 이데아, 실물, 그림자라는 세 층위가 위계적으로 존재하며, 이 가운데 아데아만이 진정한 진리이고, 철학자만이 진정으로 이 진리를 추구한다(제10권의 1). 세 번째 부분에서는 사후 세계를 다녀온 에르 이야기를 통해서 철학적 삶의 훌륭함을 다시 한번 상기시킨다.

이러한 제10권의 구성은 여러 면에서 의문을 자아낸다. 우선 시인의 추방을 새삼 제시하는 것이 다소 의외다. 수호자로 하여금 이상국가를 온전히 수호하도록 하기 위해서는 기왕에 존재해 온 시가(詩歌)는 철저히 규제되어야 하고, 시인 또한 통치자의 통제 안에 있어야 한다는 주장은 이미 수호자의 교육을 다루는 부분에서 제시된 바 있다. 철인왕 기획이 제시된 후, 누가 과연 철학자인가를 규명하는 과정에서 소개된 바 있는 이데아론 역시 많은 의문을 남겼다.[67] 제10권에서는 침상과 관련해서 침상의 이데아를 창안한 신, 그것을 만드는 제작자, 그것의 이미지를 그리는 화가를 구분함으로써 이데아의 본질을 어느 정도 해명하지만, 이것으로 이데아론이 엄밀하게 논증됐다고 보기 어렵다.

가장 큰 문제는 시인을 추방해야 한다는 논지가 제10권 안에서 스스로 부정되고 있다는 점이다. 제10권이 신화로 끝이 나기 때문이다. 어떻게 살 것인가에 대한 철학적 논증을 담은《국가》를 굳이 신화로 끝맺을 필요가 있었을까? 그것도 시인의 추방을 역설한 직후에 말이다.

제10권을 둘러싼 이러한 의문점은《국가》를 저술한 플라톤의 의도와 관련하여 중요한 시사점을 남긴다. 플라톤은 신화와 넓은 의미의 종교에 대해서 이중적인 태도를 취한다는 점이 그것이다. 플라톤은 기존의 신화와 시인을 추방해야 한다는 점과 함께, 이상국가에 필요한 신화와 시의 필요성을 역설한다. 또한 이상국가에서 수호자의 교육은 엄선된 가사 내용과 엄격하게 규율된 가락과 리듬을 갖춘 시가 교육을 통해서 이뤄진다. 수호자들이 동료 시민들과 우애를 갖도록 하기 위해서 플라톤은 토착 신화와 같은 '고상한 거짓말'까지 허용한다. 플라톤은 또한 철학자가 대중의 편견과 혐오로부터 벗어나기 위해서, 철학적 논증과는 거리가 먼 수사학의 사용을 암시하기도 한다. 기존 형태와는 다른 모습이지만, 신화와 시 그리고 그것으로 설득을 구하는 수사학은 여전히 플라톤의 이상국가 안에 상존한다. 플라톤은 정치공동체 안에서 시와 신화, 종교와 수사학을 철저하게 배제하는 것은 불가능하다고 본 듯하다.

더 나아가 플라톤은 철학이 종교와 신의 영역을 완전히 극복할 수 없음을 상정하고 있는지도 모른다. 일견 철학이 신학과 종교를 완전히 배제하고 이상국가를 만들 수 있는 것처럼 보인 것은 철학적 논의, 즉 말로써 이상국가를 만들겠다는 합의가 있었기 때문이다. 이런 합의에 사후 세계와 신에 대한 믿음을 전제로 정의관을 제시한 케팔로스는 참여하지 않았다. 그는 '정의란 무엇인가'라는 긴 논의를 촉발하고 이 논의를 위한 향연을 마련해 준 장본인이지만, 정작 이 논의에는 참여하지 않고 신에게 제사를 지내야 한다는 말을 남기고 자리를 떠났다(331d).

따라서 '정의란 무엇인가'라는 기나긴 철학적 논의의 이면에는 아직 검토되지 않은 커다란 하나의 선택지가 남아 있다. 신의 명령과 그 이치에 복종하면서 인간적인 행복을 구하는 신학적 혹은 종교적 삶이 그것이다. 그 신이 다신교적 신이든, 자연의 총체적인 질서와 법칙을 대변하는 신이든, 창조주로서의 신이든 그것은 중요하지 않다.

제9권에서 가장 훌륭한 삶으로 합의된 철학적 삶은 명예를 추구하는 정치적 삶이나 세속적인 욕구의 충족을 추구하는 물질적 삶보다 우월한 것으로 논증됐지만, 종교적 삶이나 신학적 삶보다 낫다는 것이 입증된 적은 없다. 플라톤이 에르 신화로 이 대화편을 마감한 것은 독자로 하여금 신에게 제사를 지내러 자리를 뜬 케팔로스를 떠올리게 함과 동시에 철학적으로 논증되지 않은 종교적 삶과 신학적 삶에 대한 여운을 남기기 위함이라고 해석할 수 있다. 그럼에도 불구하고, 플라톤은 여전히 철학적 삶이 종교적 삶이나 신학적 삶보다 우위에 있다고 암시한다. 향연에 참석한 사람들 역시 케팔로스를 좇아 신에게 제사를 드리러 가는 대신에, 좋은 삶에 대한 철학적 논증을 위해 소크라테스와 대화를 지속했으니까 말이다. 이들이 모두 철학적 삶을 선택할지는 미지수이지만, 적어도 이들은 어떤 의미에서 철학적 삶이 다른 어떤 삶보다 우위에 있는가에 대한 철학적 검토는 마친 셈이다.

《국가》와 현대사회

지금까지 우리는 정의가 무엇인가를 탐색하는 이들과 여정을 함께했다. 이를 통해 우리는 적어도 이들이 다수가 믿는 것을 정의라고 단정하지 않고, 정의란 무엇인가에 대한 탐색을 시도했음을 확인했다. 어느 사회든 정의와 공정에 관한 의견이 분분하기 마련이다. 우리의 경우를 보더라도, 경제적 양극화를 완화하기 위해서 공정하고 정의로운 시장 규제는 무엇인지, 기회의 평등이라는 형식적인 정의를 넘어서 실질적으로 공정한 대학입시 제도가 무엇인지, 팬데믹 관리를 위한 목적으로 개인의 자유에 대한 국가의 개입은 어디까지 허용하는 것이 정의로운 것인지 등 정의를 둘러싼 여러 문제들에 직면해 있다.

이처럼 정의와 관련해서 의견이 분분할 때, 크게 두 가지 방식의 접근이 가능하다. 첫 번째는 얼마나 많은 사람에 의해 지지를 받느냐에 따라서 정의가 무엇인지를 결정하는 방식이다. 다수결에 의한 정의가 이론적으로는 비판과 냉소를 받는 것과는 달리, 현실에서는 '민주주의'라는 이름으로 매우 강력한 힘을 발휘하곤 한다. 다수의 의사라고 해서 반드시 정의에 반하는 것은 아니다. 다만 그것이 왜 정의인가를 개개인이 충분히 이해한 상태에서 의사가 모아졌을 때, 다수의 의사는 정의가 될 가능성이 높다. 그러나 다수의 의사가 확인되는 방식을 보면, 개개인의 비판적 검토 과정을 거치지 않은 상태에서 다수라고 여겨지는 의견을 쫓아가거나, 자신이 속한 정파의 견해를 다수 의견이라고 믿어 버리는 경우가 많다. 그럼에도 불구하고 자유민주주의 국가에서 우리들은 각기 다른 이유에서 다수의 동의나 합의를 정의로 간주한다. 그러나 다수의 동의나 합의가 정의가 되기 위해서는 그것이 왜 정의인가에 대한 탐구가 선행되어야 한다는 점을 잊지 말아야 한다.

복잡한 현대사회에서 정의와 관련된 사안이 불거질 때마다 철학적 탐구를 수행하라고 요구하는 것은 무리다. 그러나 정의로운 사회가 되기 위해서는 적어도 정의를 둘러싸고 첨예하게 대립하는 사안에 대해서 철학적 탐구의 가능성을 열어 두어야 한다. 정의를 둘러싼 의견대립이 정치·경제적 이해관계의 대립과 뒤섞이기 전에 정의에 관한 철학적 탐구를 사회적으로 활성화하는 것이 가장 바람직하다. 소크라테스와 글라우콘, 아데이만토스가 소피스트인 트라쉬마코스가 지켜보는 가운데 정의가 무엇인가를 탐구하는 대향연을 벌인 것처럼, 우리도 우리의 삶의 영역에서 정의에 관한 철학적 탐구의 향연을 시도할 필요가 있다.

정의에 관한 철학적 탐구는 경제적 계급이나 정치적 당파 간의 진영 싸움이 되어서는 안 되며, 자신의 이익을 관철시키기 위한 언쟁이 되어서도 곤란하다. 《국가》 제1권에서 트라쉬마코스가 논의에 가담한 방식은 철학적 탐구가 아니라, 자신의 승리를 남에게 과시하기 위한 쟁론에 불과했다. 반면 소크라테스가 제안한 철학적 탐구는 무엇이 정의인가를 찾기 위한 협업을 전제로 한다. 이 과정에서 내가 이전에 가지고 있던 정의관이 바뀌었다면 더없이 좋은 일이다. 철학적 탐구를 거쳐 정의관이 바뀌었다면 지금까지 내가 가지고 있었던 잘못된 정의관을 바로잡은 것이고, 사회 전체가 그것에 동의한다면 사회는 보다 정의롭게 될 것이기 때문이다. 《국가》를 읽은 독자로서 가장 바람직한 자세는 정의 문제와 관련해서 이 고전이 던지는 메시지를 나름대로 평가하고, 정의에 대해서 자신과 다른 견해를 갖고 있는 사람들과 겸허히, 그리고 비판적인 자세로 소통하는 것이다.

물론《국가》가 정의에 관한 모든 문제에 해답을 제공할 수는 없다. 그러나《국가》는 우리로 하여금 정의에 관한 통속적인 생각에서 출발하여 가장 숭고한 영혼의 정의에 이를 수 있도록 안내해 준다. 그 과정에서 플라톤의 입장을 어디까지 받아들일 것인가는 각자의 선택에 달려 있다.

개인의 정의, 국가의 정의, 세계의 정의

《국가》의 논의 구조에 있어서 가장 큰 특징은 개인의 정의와 국가의 정의를 유비시켜 논의를 전개한 점이다. 유비 구조의 문제점과 문제적 성격의 유비 구조를 사용한 플라톤의 의도가 무엇인지는 앞에서 상세히 다룬 바 있다. 그러나 재삼 강조할 것은 플라톤이 단지 방법론상의 편의를 위해 유비를 사용한 것이 아니라는 점이다.

개인의 정의와 국가의 정의는 단순히 유비 이상의 연계가 있다. 그 연계는 두 가지 차원으로 설명할 수 있는데, 그중 하나는 개인의 정의와 국가의 정의를 따로 떼어 놓고 생각할 수 없다는 점이다. 정의에 관한 개인의 생각, 행위, 태도 등이 국가의 습속, 문화, 윤리에 영향을 미치고, 그 역도 마찬가지로 성립하기 때문이다. 다른 하나는 (개인이든 국가든) 내적 상태와 외적 표출 간의 연계다. 개인의 경우에는 정의로운 내적 상태(플라톤적 관점에서는 영혼이 조화로운 상태)에 있어야 외적으로 표출된 행위가 정의로울 수 있다. 물론 그 역은 충분조건이 아니라 필요조건이다. 외적으로 정의로운 모습을 보인다고 내적으로 정의롭다고 단정할 수 없지만, 적어도 외적으로 정의롭지 못한 사람이 내적인 정의를 갖추긴 어렵다는 얘기다. 국가의 경우도 정의와 관련해서 내적 상태와 외적 표출의 연계를 고려해 볼 수 있다. 정의로운 국가는 내적으로 시민들 간의 우애를 기반으로 조화로운 상태에 있으며, 이는 외적으로 정의로운 대외정책으로 표출된다.

플라톤이 개인의 정의와 국가의 정의 간의 유비를 통해 양자의 연계를 암시한 반면, 우리는 상대적으로 분절적 정의관에 익숙하다. 개인의 차원에서는 외부로 표출되는 행위가 내적 상태에 어떤 영향을 미치는가에 대해서 종종 관심을 보이긴 하지만, 국가의 차원에서는 내적 상태와 외적 행위의 연계에 대해서 주목하지 않는다. 우리는 국가가 대내적으로 정의로워야 한다고는 생각하지만, 그것이 대외적으로 다른 국가에 대한 행위로까지 이어져야 한다고 여기지는 않는다. 또한 국가가 대외적으로 부정의를 행하더라도, 국가 내부의 정의가 훼손된다고 생각하지도 않는다. 이런 연유로 혹자는 국가의 대외적인 행위가 종종 정의의 영역 밖에 놓여 있다고 생각하기도 한다. 나아가 대외적으로는 정의를 고려하지 않는 것이 오히려 바람직하다고 생각하는 사람들도 있다.

이런 사고의 기저에는 국가는 어떤 외적 요인에 의해서도 구속받지 않는다는 소위 '근대적 주권' 개념이 자리잡고 있다. '근대적 주권' 개념에 따르면, 적어도 정치적으로는 국가의 존립과 번영 외에는 어떤 상위의 가치도 존재하지 않는다. 우리가 국가의 대외적 행위에 대해서 정의의 기준을 적용하지 않는 것은 우리도 암묵적으로 근대국가의 주권 원칙을 추종하고 있기 때문이다. 개인과 국가에서, 정의의 내적 영역과 외적 영역이 연계되어 있다는 플라톤의 정의론은 우리의 분절적 사고방식에 의해서 잊혀졌던 정의의 존재 방식을 재조명한다. 근대적 주권론에 의해 가려져 있었던 플라톤의 정의론은 이제 진정으로 우리가 원하는 정의론을 찾는 데 지시등 역할을 할 것이다.

최근 다양한 글로벌 이슈의 부상으로 우리는 근대적 주권론으로는 풀기 어려운 과제들에 직면하게 되었다. 현대 국가가 근대적 주권론에 의존하는 한 기후변화, 난민 문제, 세계 곳곳에 상존하는 심각한 인권유린 사태, 기아, 극심한 경제 불평등, 팬데믹으로 인한 위협 등은 결코 해결의 실마리를 찾을 수 없다. 이와 같은 글로벌 이슈를 해결하기 위해 혹자는 인류애와 박애주의를 북돋아야 한다고도 하고, 혹자는 세계시민주의적 이상을 강화해야 한다고도 한다. 그러나 이러한 '이상적' 주장이 근대적 주권론을 완화시켜 글로벌 이슈 해결에 기여할 거라고 기대하는 사람은 드물다. 이런 상황에서 플라톤의 연계적 정의론은 기존 사고 틀에 획기적인 자극을 줄 수 있다. 플라톤은 국가가 안보와 번영을 목적으로 하는 것에 반대하지 않는다. 다만, 국가의 목적이 부와 권력의 극대화라는 가정에는 동의하지 않는다. 국가가 부유해지는 것이 시민들의 진정한 행복에 기여하지 않는다면, 플라톤은 그런 부의 획득을 결코 환영하지 않는다는 것이다.

플라톤의 연계적 정의론을 적용하면 국가는 대외적으로 부정의를 행하는 것을 경계하는 한편, 세계의 정의 수준을 제고하기 위해 노력해야 한다. 이러한 국가의 행태는 글로벌 이슈를 해결하는 데 유리한 환경을 제공할 뿐 아니라 해당 국가에게도 이득을 가져온다. 대내외적으로 정의를 추구하는 국가는 시민 개개의 안정과 행복을 보장함으로써 국가 전체의 조화를 이룰 수 있기 때문이다. 따라서 플라톤의 연계적 정의론에 입각해서 글로벌 문제에 접근하는 것은 무작정 인류애를 강요하는 접근법이나, 인류가 공멸할지 모른다는 공포감을 조성해 협력을 구하는 접근법보다 효과적일 수 있다.

이상과 현실의 이분법적 사유를 초월한 플라톤적 이상주의

근대적 주권을 바탕으로 한 세계질서가 우리의 현실인 상황에서 이러한 연계적 정의론은 비현실적인 주장으로 들릴지 모른다. 플라톤의 정의론을 논의할 때 빠지지 않고 제기되는 반론은 그것이 이상적이긴 하나 비현실적이라는 주장이다.

이와 같은 비판에 직면할 때, 우리는 다시금 이상과 현실 혹은 이상과 실천의 관계를 떠올리게 된다. 특히《국가》읽기가 우리에게 주는 시사점은 이상과 현실을 이분법적으로 나눌 수 없다는 것이다. 이상과 구분되는 현실이라는 것도 이상을 염두에 두고 실천한 결과이기 때문이다. 트라쉬마코스의 법현실주의에 기반한 정의관은 일견 객관적 현실에 기반한 것처럼 보이지만, 현실에 대한 주관적 판단 없이는 객관적 현실은 만들어지지 않는다. 인간사의 모든 개별적인 행위들은 '무엇이 나은 것인가'라는 가치판단을 기준으로 이루어진다. 트라쉬마코스의 현실주의도 트라쉬마코스에게나 그의 정의관을 따르는 강자들에게는 객관적인 현실이 아니라 하나의 이상이다. 플라톤의 《국가》는 이상과 실천의 이분법적 구분을 초월한 독특한 이상주의를 지향한다.

플라톤의 정의론을 순진하고 현실성 없는 이상주의로 폄훼하는 이들은 그것을 어디에도 존재할 수 없는, 따라서 실현 가능성을 입증할 필요가 없는 유토피아적 이상주의로 간주하곤 한다. 그러나 《국가》에 나타난 이상주의의 강조점은 그것이 어디에도 존재하지 않는다는 데 있는 것이 아니라, 그것이 가장 바람직한 것, 즉 최선(the best)이라는 데 있다. 따라서 최선의 정체는 어딘가에 존재했거나 존재하는 것을 전제로 하지 않으며, '존재할 수 있는 것'이면 된다. 이런 맥락에서 플라톤이 철인왕에 의한 정체가 최선의 정체라고 선언했을 때, 과거나 현재 어디엔가 철인왕이 통치하는 국가가 존재함을 의미하는 것은 아니었다.

놀랍게도 플라톤은 그가 제시한 최선의 정체를 실현하기가 얼마나 어려운 일인지를 알리는 데 주력했다. 최선의 정체를 제시해 놓고 그것의 실현 가능성이 현저히 낮다고 주장하는 것은 어떤 의미인가? 플라톤은 그것의 실현을 선불리 시도하는 것을 경계한다. 정치권력을 갖고 있는 자가 철학자인 체하거나, 철학자를 자처하며 정치권력을 추구하는 것은 위험한 결과를 초래할 수 있다고 경고한다. 그러면 최선의 정체를 제시하는 것은 어떤 의의가 있는가? 그 의의는 자신이 속해 있는 정체가 보편적으로 합의된 최선의 정체와 얼마나 거리가 있는지 확인하고, 최선의 정체를 닮아 갈 수 있는 실천적 방안을 모색하는 데 있다.

플라톤의 정의론은 최선의 정체를 탐색하고, 그것이 가장 바람직한 것임을 주장한다는 점에서 분명 이상주의의 편에 서 있다. 그러나 동시에 그것의 무모한 실천을 경계한다는 면에서는 현실주의적 요소를 담고 있다. 이런 점에서 플라톤적 사유는 이상주의와 현실주의라는 이분법적 사고를 초월한다. 이상은 현실에 방향성을 제시하고, 현실은 이상이 실현될 수 있는 조건을 조성한다. 즉 이상은 현실에서 무엇을 목표로 실천해야 하는가를 안내하고, 현실의 조건이나 상황에서 무엇이 최선인가를 결정하는 표지판이 되어야 한다.

이러한 플라톤적 사유와 달리 우리의 사유 방식은 상대적으로 이상과 현실, 이상과 실천을 구분하는 이분법적 사유에 기반해 있다. 이러한 이분법적 사유는 다분히 근대적 사유 방식에서 영향을 받은 것으로, 이에 따르면 이상은 현실의 적용과 실현을 목표로 한다. 현실에서의 실현에 실패하면, 이상은 가치를 점차 상실하고 만다. 따라서 '차선(次善)'이 실현 가능한 최선으로 간주되는데, 이는 종종 이상의 존재 가치를 망각하는 결과를 초래한다. 이상이 의의를 상실할 때 현실은 그것 자체로 정당화되기 쉽다.

실천 가능성을 강조하는 근대적 사유는 이어서 가장 강고한 현실주의, 즉 권력 중심의 현실주의를 등장시킨다. 이런 식으로 트라쉬마코스의 현실주의는 더 강력하게 우리의 사유를 지배하고 있다. 현실주의는 권력자가 설정한 '이상'을 실현하기 위해서 가용한 모든 수단을 동원한다. 이렇게 설정된 이상은 진정으로 바람직한 것이 무엇인가를 탐구함으로써 도출된 가치가 아니라, 권력자의 감춰진 이익을 대변하는 경우가 허다하다. 이러한 문제는 트라쉬마코스에 의해서도 잘 지적된 바 있다.

이런 사실이 드러나면, 두 가지 반응이 나올 수 있다. 하나는 권력 추구에 몰두하는 열렬한 정치적 현실주의자가 되는 것이고, 다른 하나는 이상이나 가치는 아무 효용이 없으므로 모든 현실을 거부해 버리는 허무주의자가 되는 것이다. 물론 이러한 상황은 극단적인 경우를 상정한 것이지만, 이상과 현실을 이분법적으로 구분하는 근대적 사유 방식에 묶여 있는 한, 우리는 종종 모든 이상을 폄훼하게 되고, 결국 현실주의나 허무주의의 주변을 헤매게 된다. 이와 같이 근대적 사고 틀에 묶여 있는 우리들에게 플라톤의 이상주의는 현실과 이상의 관계를 재정립할 수 있는 새로운 길을 열어 준다.

민주주의와 거짓

《국가》가 현대사회에 던지는 중요한 화두 가운데 하나는 정치공동체에서 거짓의 위상 문제다. 이상국가는 거짓을 경계했지만, 동시에 모든 거짓을 배제하진 않았다. 나아가 공동체의 단합과 결속을 위해 필요하다면 거짓(신화)을 포함하는 교육도 허용했다.

정치공동체에서 어느 정도의 거짓은 불가피한 것인가? 2016년 트럼프 대통령의 당선과 브렉시트는 전 세계를 놀라게 한 의외의 결과였다. 사람들을 더욱 당혹스럽게 한 것은 이러한 결과가 절차상 하자가 없는 민주주의의 결과물처럼 보이지만, 사실은 그 과정에서 상당한 가짜 정보와 가짜 뉴스 등 거짓이 개입됐다는 것이다.

오늘날 우리는 과거와는 비교도 할 수 없을 정도로 엄

청난 양의 정보를 아주 쉽고 빠르게 접할 수 있는 매체를 갖고 있다. 문제는 이 매체들이 진실을 왜곡하고 거짓 정보를 유포하는 데에도 손쉽게 활용될 수 있다는 점이다. 플라톤의 정의론은 이와 같은 현상에 대해서 어떤 시사점을 제공할까? 혹자는 플라톤이 철학적 관점에서의 진리성만 중시하고, 상대적으로 개별적인 사실성과 관련된 진리에 대해서는 둔감하다는 점을 들어, 정치공동체에서 진리 문제에 접근하는 플라톤의 태도를 비판적으로 해석한다.[68]

그러나 이러한 해석은 우리의 독해와 다소 거리가 있다. 플라톤이 허용한 '고상한 거짓말'은 수호자 교육을 위한 신화였다. 소크라테스가 그것을 '거짓'으로 칭한 것은 '고상한 목적'을 위해서라면 '사실적 진리'를 마음대로 조작할 수 있다고 생각해서가 아니라, 신화가 철학적으로 논증되지 않았기 때문이다. 따라서 이 '거짓'은 아직 진실성을 획득하지 못했음을 의미하는 것일 뿐, 이상국가의 실현이라는 목적을 위해서 모든 수단이 정당화된다는 것을 뜻하지는 않는다. 이 '거짓'은 언젠가 '더 나은 신화'로 대체될 수도 있고, 수호자의 교육이 완수되면 더 이상 필요 없게 될 수도 있다. 이런 이유에서 플라톤은 '고상한 거짓말'이 처음부터 철학적 진리를 추구하는 통치자에까지 진실로 믿어져서는 안 된다고 경고한 바 있다.

플라톤의《국가》는 지혜로 다스려지는 국가를 가장 이상적인 정체로 들었는데, 그런 면에서 철인왕이 통치하는 국가가 가장 바람직하지만 그 실현 가능성은 매우 낮다고 평가한다. 철인왕은 사실적 진리보다 공동체가 추구해야 할 방향을 총체적 관점에서 정하는 철학적 진리를 추구한다. 사실적 진리는 전체의 맥락에서 보면 부분적 진리에 해당한다. 따라서 사실적 진리에 대한 논란이 있을 경우에는 당분간 사실성에 대한 판단을 중지하고, 이 논란이 총체적인 관점에서의 철학적 진리를 향하고 있는가를 따져볼 필요가 있다.

오늘날 총체적 관점에서의 철학적 진리란 무엇을 의미하는지 필자는 아직 그 답을 찾지 못했다. 그러나 설령 누군가 그 답을 안다고 하더라도 표현할 길이 없지 않을까. 동굴 밖으로 나가 선의 이데아를 본 철학자가 그것에 대한 경외심에 말문이 막혀 아무것도 표현하지 못하는 것처럼 말이다. 더구나 철학자는 끊임없이 이러한 진리를 추구할 뿐이지, 이미 그것을 손에 넣은 사람이 아니다. 그렇기에 그는 더욱더 진리를 향한 사랑을 가질 뿐이다. 이렇게 보면 누군가 총체적으로 우리 공동체가 나아갈 길을 가장 그럴듯하게 제시하고 있다면 의심해 봐야 하지 않을까. 적어도 그는 진정으로 총체적 진리를 추구한 사람도 아니고, 진리를 사랑하는 사람은 더더욱 아닐 테니까 말이다.

플라톤의《국가》를 읽은 독자가 누릴 수 있는 가장 큰 혜택은 철학적 삶의 즐거움이 무엇인지 맛보는 것이다. 이에 비하면, 사이비 철학자들을 가려내고 이들에게 현혹되지 않는 능력을 갖추거나, 정의를 둘러싼 사회적 논란에 철학적 탐구를 적용해 보는 것은 부수적인 혜택이다.

주

1 혹자는 《국가》 제1권이 독립적으로 《트라쉬마코스》라는 이름으로 존재했으며 이 부분이 정의 문제와 관련하여 소크라테스와 대화자들이 아포리아에 이른 것을 기록한 플라톤의 초기 대화편 중 하나라고 해석한다. 사실 '정의에 관하여'란 부제도 플라톤이 아니라 고대 이집트의 문헌학자였던 트라실로스에 의해서 붙여진 것으로 알려져 있는데, 그는 《국가》 전체에 이 부제를 붙였다(Tarrant, 2000).

2 폴리테이아는 공동체의 지배 형태, 즉 '정체(正體, regime)'를 의미하나, 이 책에서는 편의상 전통적인 방식대로 '국가'라는 제목을 사용하기로 한다.

3 《메넥세노스》에는 쇠퇴한 아테네 제국을 다시 일으켜 세우려는 플라톤의 의지가 강하게 반영되어 있으며, 《알키비아데스》는 제국의 쇠퇴와 전도유망한 아테네 청년의 도덕적 타락을 검토하고 있다. 두 대화편에 나타난 플라톤의 의도에 대해서는 박성우(2007; 2014a) 참고.

4 대표적으로 칼 포퍼는 플라톤의 정치철학을 민주적 개방성을 위협하는 '열린 사회의 적'으로 간주했다(Popper, 1966). 포퍼와 더불어 아렌트도 플라톤 정치철학이 독재 권력을 정당화하는 데 사용됐다고 파악한다(Arendt, 1958). 플라톤 정치철학의 반민주성과 전체주의와의 연관성에 대해서는 박성우(2014b: 314 fn.1) 참고.

5 플라톤의 저술 대부분이 소크라테스를 주인공으로 삼고 있지만, 소크라테스가 등장하지 않는 대화편(《법률》)도 있고, 소크라테스의 역할이 제한적인 경우(《파르메니데스》, 《소피스트》, 《정치가》, 《티마이

오스》)도 있다. 플라톤의 대화편 형식 분류에 대해서는 Strauss(1964: 55-62) 참고.

6 플라톤 철학과 소크라테스의 관계에 대해서는 Strauss(1989), Wallach (1997), 박성우(2014b: 319 fn. 12) 참고.

7 서양철학사에서 소크라테스의 이미지가 어떻게 변모해 왔는가에 대해서는 Kofman(1998) 참고.

8 흔히 '소크라테스의 변명'으로 일컬어지는 이 법정 변론(apologia)은 법정에 있었던 플라톤이 소크라테스의 변론을 듣고서 추후에 기록한 것으로 알려져 있다. 플라톤이 과연 소크라테스의 발언을 한 글자도 틀리지 않고 정확하게 기록했을까 의심하는 사람들도 있지만, 지금까지 학계의 전통은 플라톤이 작성한 '소크라테스의 변명'이 실제로 소크라테스가 법정에서 행한 발언과 거의 일치했을 것이라고 간주한다 (Brickhouse & Smith, 1996).

9 플라톤의 저술 활동이 저작을 남기지 않은 소크라테스의 철학을 계승하기 위한 것이었는지, 독특한 방식의 정치 참여를 위한 것이었는지는 논란의 여지가 있다. 아테네 민주정의 맥락에서 플라톤의 저술 의도를 정치이론적으로 분석한 연구로 Allen(2012) 참고.

10 플라톤의 대화편 중에는 소크라테스의 지위가 격하되거나, 아예 그가 나타나지 않는 것은 플라톤이 역사적 소크라테스를 계승하고 발전시키는 것뿐 아니라 나름대로 그를 비판할 의도가 있었음을 의미한다.

11 유일한 예외는 《변명》에서 법정에 앉아 있는 플라톤이 언급되는 점이다(33e). 반면 플라톤은 소크라테스 최후의 순간이 기록된 《파이돈》에는 부재한 상태였다.

12 이들 중에는 세간에 이미 잘 알려진 인물도 있고, 그렇지 않은 인물도 있다. 어떤 의도로 이러한 인물을 선택했는가도 플라톤의 의도를 파악하기 위해 주목할 부분이다.

13 대표적으로 《고르기아스》라는 대화편을 예로 들 수 있다. 이에 대해서는 Dodd(1992) 참고.

14 《국가》는 총 10권으로 구성되어 있다. 각 권은 오늘날의 책 한 권 분량이라기보다 한 챕터에 해당한다. 두루마리 필사본 하나를 '권'으로 부

른 관습을 좇아 여기서도 '권'으로 표기한다.

15 권수 뒤의 번호는 이 책의 뒷부분에 수록한 발췌역의 번호를 의미한다.

16 대화가 이뤄진 극적 시점은 기원전 424년에서 408년경이라는 것이 전통적인 해석이다(Nails, 1998). 그러나 최근 플라노는 벤디스 여신 축제가 아테네에 도입된 시점을 지적하며 기원전 429년을 극적 시점으로 상정한다(Planeaux, 2000-2001). 소크라테스는 《국가》에서 벤디스 여신의 축제가 있던 다음 날 이 대화가 이뤄졌다고 말한다(354a).

17 역사적으로 폴레마르코스는 기원전 5세기 아테네에서 매년 선출되던 아홉 명의 아르콘 중 한 사람이다. 아테네 민주정에서 그가 어떤 역할을 했는가는 역사학적으로 논란의 여지가 있다. 이에 대해서는 Hansen (1991) 참고.

18 소크라테스는 그의 기소자 가운데 한 사람인 멜레토스를 반대 신문하는 과정에서 자신이 무신론자라는 멜레토스의 주장은 논리적 일관성이 결여되어 있다고 지적한다(26e-27e). 신학적 문제를 검증하는 데에도 소크라테스는 철학적 일관성을 가장 중시한다. 일관성을 결여한 신학이라면 소크라테스는 결코 수용하지 않았을 것이다. 그러나 어떠한 신학도, 특히 그것이 시민 종교의 성격을 갖는 경우, 철학적 일관성만이 신학의 판단 기준이 될 수 없다. 기본적으로 신학은 철학의 범주를 초월한다. 따라서 철학적 일관성만을 요구하는 '소크라테스적 신학'은 불가피하게 종교와 마찰을 빚을 수밖에 없다.

19 《국가》 제10권이 에르 신화로 끝나는 것도 신이 철학적 논의와 완전히 분리되어 있지 않다는 점을 반영한다.

20 사실 폴레마르코스 자신은 이런 문제를 심각하게 고민할 필요가 없었다. 전장에서 우적과 이해를 구분하는 것은 지휘관의 몫이기 때문이다. 범위를 더 넓혀 정치공동체에 이 원칙을 적용하면, 각 개인은 공동체 혹은 국가가 정해 주는 이익(국익)을 동료 시민과 공유하고, 타국의 시민들에 대해서는 적대적으로 행위하면 된다.

21 고대 그리스에서 아레테는 인간뿐 아니라 어느 것이든 기능을 훌륭하게 수행할 때 일컫는 말이다. 칼이 '자르는 기능'을 잘하면 아레테를 갖추었다고 할 수 있다. 따라서 아레테는 '탁월성(excellence)'으로 번

역될 수 있는데, 사람의 아레테에 대해서는 전통적으로 '훌륭함' 혹은 '덕'으로 번역되어 왔다. 최근에는 사람의 경우에도 '탁월성'이라는 중립적인 용어로 번역되는 경향이 있다.

22 박성우(2014b) 4장의 주요 논지를 일부 수정하여 옮긴 것이다.

23 영혼의 내적 상태로만 한정했을 때 대규모로 사기 행각을 벌이는 자나 독재자까지도 이성지배적인 인간에 포함되는 문제가 있다(Kraut, 1973). 그러나 이성지배적인 인간이 갖고 있는 이성이 영혼 내적으로 기개와 욕구를 지배하는 역할만 하는 것이 아니라, 무엇을 욕구할 것인가를 알려 주는 지혜를 추구한다는 점을 고려하면, 참주나 사악한 사업가가 이성지배적인 인간의 범주에 속하기는 어렵다.

24 플라톤의 유비 프로젝트가 영혼 내부의 문제보다는 전체주의를 정당화하기 위한 정치적 목적을 갖고 있다는 주장에 대해서는 Thorson (1963) 참고.

25 플라톤의 이상국가론이 어떻게 좋은 삶을 위한 철학적 논의와 연결되는지에 대해서는 이 책의 '플라톤은 철인왕이 통치하는 국가를 구상했는가' 절 참고.

26 많은 학자들이 이러한 유비 프로젝트의 문제를 지적해 왔는데, 그 대표적인 예로는 Blössner(2007), Ferrari(2005), Jang(1996), Lear(1997), Park(2015), Sachs(1997), Williams(1997) 등이 있다.

27 대표적으로 Blössner(2007), Ferrari(2005) 참고.

28 Williams(1997: 50).

29 최선의 국가의 특성과 그 구성원의 특성이 일치하지 않는다는 것은 생산자 계급의 특성을 유비 구조를 통해 추정하는 것에서도 확인된다. 최선의 국가에서 다수를 차지하는 생산자 계급은 영혼에서는 욕구 부분에 해당한다. 그런데 욕구는 이성에 의해 지배받고 억제되어야 할 대상이다. 마찬가지로 생산자 계급은 통치자에 의해 그 행위를 구속받아야 한다. 크라우트는 이런 관점에서 생산자 계급의 영혼은 결코 정의롭게 볼 수 없다고 해석한다(Kraut, 1973).

30 Williams(1997: 53-55).

31 Kraut(1973)가 대표적이다.

32 논리적으로도 생산자 계급이 정의의 요소를 어느 정도 갖추고 있다고 보는 것은 이상한 결론에 이르게 한다. 그 이유는 다음과 같다. 생산자들에게 정의의 요소가 있다는 것은, 이들이 (자발적이든 강제든) 통치자의 명령에 복종함으로써 적어도 어느 정도는 자기 절제를 발휘한다고 해석하는 것인데, 이렇게 자기 절제를 발휘하는 것은 욕구적인 부분을 대표하는 그들의 특성과는 이질적이기 때문이다. 즉 남의 일을 넘보지 않고, 통치자의 지배를 따르려는 정도까지 생산자 계급은 그들의 이성적인 부분을 발휘한 셈이다. 그런데 이것이 가능하기 위해서는 이성적인 부분이 욕구적인 부분의 하위 차원에 존재해야 한다. 이러한 결론은 윌리엄스가 지적한 바와 같이, '다수의 부정의한 개인들로 구성된 정의로운 국가'만큼이나 우스꽝스런 논리적 귀결이다(Williams, 1997).

33 Williams(1997: 50).

34 Blössner(2007: 347-350).

35 소크라테스와 글라우콘은 국가에 있는 계급들과 동일한 것이 영혼에도 존재하고, 그 숫자도 동일하다는 것에 동의한다. 아울러 이들은 도시가 지혜로운 것과 같은 방식으로, 그리고 바로 그 이유 때문에 개인이 지혜로운 것이 '필연적(anagkaion)'이라고 지적한다(441c-d).

36 Blössner(2007: 349).

37 아테네 제국의 군사력과 경제력의 상관관계에 대해서는 Kallet(2007), Rhodes(2007)의 논의 참고. 부(富)와 아테네 제국의 관계에 대해서는 당시에 페리클레스도 강조한 바 있다(Thuc. II. 13).

38 국제정치에 대한 플라톤의 관심은 특히 《메넥세노스》와 《알키비아데스》에 집중되어 있다. 이 두 대화편에 나타난 플라톤의 국제정치관에 대해서는 박성우(2007; 2014a) 참고.

39 플라톤을 정전론의 관점에서 접근한 연구에는 Busch(2008), Syse(2010) 등이 있다.

40 cf. 《알키비아데스》 107d-e.

41 플라톤의 헬라스 중심주의는 플라톤의 국제정치 사상을 보편적 세계 시민주의로 발전시키는 데 어려움을 갖게 한다(Pangle & Ahrensdorf,

1999: 46-50). 그러나 플라톤의 《정치가》에는 헬라스과 야만인 구분의 허구적 요소를 지적하는 대목도 발견된다(262c-e).

42 Hanson(2006), Ober(1989: Ch.5) 등은 플라톤의 텍스트와는 별도로 정전론의 관행이 이미 헬라스 세계에서 널리 퍼져 있었음을 지적한다.

43 극단적인 사례지만, 나치 정권하에서 충성스러운 독일 시민들이라면 국가가 정한 적, 즉 유대인을 학살하는 데 동조해야 했다. 그런데 이 명령을 따르는 것이 궁극적으로 국익에 공헌하는 것이라고 할 수 없다.

44 이 '전체'가 어느 범주까지 포괄할지는 확실하지 않다. 헬라스 세계일지, 지구 전체일지, 우주일지 말이다.

45 대표적으로 스트라우스는 철인왕 기획을, 역설적으로 철인왕을 빙자한 어떤 보편적 국가주의도 비극적 결말을 초래할 수 있다는 경고로 해석한다(Strauss, 1964; 박성우, 2014b: 제5장).

46 학자들은 《국가》에서 철학자가 자발적으로 통치에 임할 수 있는 근거를 찾을 수 있는가를 논쟁해 왔다. 이에 대해서는 박성우(2014b: 제5장), Andrew(1983), Brickhouse(1981), Kraut(1973) 참고.

47 이 절은 박성우(2014b) 제5장의 일부 내용을 수정하여 옮긴 것이다.

48 제5권에서 소크라테스가 직면한 '세 개의 파도'에 대한 학술적 논의는 Hyland(1990) 참고. 블룸과 스트라우스는 '가능성'의 관점에서 세 개의 파도에 대한 소크라테스의 대응이 적어도 표면적으로는 모두 설득력을 잃었다고 주장한다(Bloom, 1968; Strauss, 1964).

49 소크라테스는 철학자들이 지향하는 지혜의 대상이 무엇인가를 밝히기 위해 '선분의 비유'나 '해의 비유'를 제시한다. 이 비유들은 플라톤의 형이상학을 해석하는 단초가 된다. 플라톤 형이상학의 발전 단계를 설명하는 입문서로 Annas(1981)가 있고, 나아가 플라톤의 형이상학이 《국가》를 해석하는 데 가장 중요한 열쇠가 된다고 보는 연구로 Reeve(1988)를 참고할 수 있다.

50 Strauss(1964).

51 《국가》 제2권부터 제4권까지의 논의를 통해 만들어진 국가를 로고폴리스(logopolis), 철인왕에 의해 성립된 국가를 칼리폴리스(kallipolis)로 구분해 부를 필요가 있다. 표면적으로 로고폴리스는 말로 설립된

국가고, 칼리폴리스는 이것의 실현 가능성을 토대로 철인왕이 만든 국가다. 부연하면 로고폴리스는 진정한 철학자들이 존재하기 이전의 정의로운 국가요, 칼리폴리스는 진정한 철학자들의 존재를 전제로 한 국가라고 할 수 있다.

52 상식적으로 강제와 자발적 의지는 엄격히 구분되지만, 강제로 시작된 일이라고 해도 시간이 흐름에 따라 자발적인 동의로 전환될 여지도 있다. 《국가》 제1권에서 소크라테스 일행이 케팔로스의 집으로 향한 것은 처음에는 위협과 강제가 내포된 설득 때문이었지만, 케팔로스의 집에서 행해진 토론에 소크라테스가 자발적으로, 그것도 가장 열정적으로 참여했던 것을 상기하면, 강요에서 설득으로 그리고 자발성으로 이어질 가능성을 생각해 볼 수 있다. 플라톤은《법률》에서 이 문제와 관련해서 더 본격적으로 논의한다(719e-723c, 857c-e, 885c-890d).

53 철학자를 설득하는 논리를 두고 상당한 학술적 논쟁이 있었다(Andrew, 1983; Beatty, 1976; Cooper, 1977; Kraut, 1973; Kraut, 1991; Vernezze, 1992).

54 대표적으로 Kraut(1973)가 이러한 입장을 대변한다.

55 Annas(1981), Kraut(1973), Vernezze(1992)가 대체로 이런 입장이다.

56 《국가》에서 철인왕에 대한 '강요(anagkaion)'가 언급된 대표적인 단락은 다음과 같다.

"우리들 사이에서 철학자들이 된 그들에게 다른 사람들을 돌보고 보호하라고 강요하는 것은 결코 부정의를 행하는 것이 아니라 정당한 것일세."(520a)

"그렇지만 이들은 통치하는 것에 대해 무엇보다 불가피한 것에 임하듯 저마다 임할 것입니다."(520e)

"실은 통치하는 걸 좋아하지 않는 사람들이 통치에 임하도록 해야만 하네."(521b)

"이들이 이 일을 하는 것은 이것이 훌륭한 것이어서가 아니라 불가피한 것이어서일세."(540b)

57 스트라우스는 이 문제뿐 아니라 첫 번째, 두 번째 파도와 관련해서도 플라톤이 실질적인 설득을 행하는 것이 아니라 사실상 이것들이 모두

불가능하다는 것을 암시한다고 주장한다(Strauss, 1964: 123-124). 스트라우스의 해석에 따르면, 과격한 의미의 남녀평등, 사유재산이나 가족을 비롯한 모든 사적 활동의 폐지 등은 로고폴리스가 불가능하다는 것을 보여 주기 위해 플라톤이 고안한 아이러니다. '스트라우스적인' 《국가》 해석에 대한 비판으로는 Hall(1977), Klosko(1986) 참고.

58 예컨대 소크라테스는 데모스를 "선량한 선주"로 표현한다(488c).

59 앞서 로고폴리스를 규정하고 그에 상응하는 가장 정의로운 인간을 찾을 때, 소크라테스가 영혼삼분설을 제시하고 이성, 기개, 욕구의 관계를 중심으로 정의로운 인간을 묘사한 것과는 대조적이다. 이때 정의로운 인간은 그의 행위보다는 정의로운 영혼의 구성에 의해서 규정되었다.

60 이러한 가능성은 다른 타락한 인간 유형에서는 찾아볼 수 없는 특징이다. 여타의 타락한 인간 유형은 그 속성이 규정되고, 그것이 심화되는 과정에서 그다음 유형으로 타락하는 것이 불가피하다. 반면, 민주정체적 인간의 유형은 (물론 제한적이기는 하지만) 나이를 먹어 감에 따라 오히려 이성이나 기개가 제자리를 찾을 가능성이 생긴다. 민주정체적인 인간은 참주정체적인 인간으로 타락하지 않고, 비교적 오랫동안 안정적으로 유지될 가능성이 있다. 이러한 민주정체적인 인간에 대한 해석은 유비 구조를 전제로 민주정체의 안정성을 암시한 것으로도 해석할 수 있다.

61 기원전 422년 아리스토파네스의 희극 《구름》을 통해 소크라테스에 대한 강렬한 혐오가 드러난 시점부터 그가 처형된 시점까지를 헤아려 보면 약 23년 정도 된다.

62 소크라테스 철학과 아테네 민주주의의 관계에 대해서는 Kraut(1999)와 Vlastos(1983) 참고.

63 Arendt(1990), Popper(1966), Thorson(1963) 참고.

64 대표적으로 스트라우스는 중세 이슬람 철학이 플라톤 정치철학을 계승했다고 보고, 철인왕 기획은 철학자에 대한 정치적 핍박을 경고하기 위함이었다고 해석한다. 스트라우스의 플라톤 해석에 대해서는 박성우(2020) 참고.

65 Ober(1989)와 Monoson(2000)은 플라톤이 상당 정도 민주적 사고 틀

을 갖고 있었다고 본다. 이들의 해석에 따르면, 플라톤은 민주주의의 신봉자는 아니더라도 적어도 민주주의의 개선을 추구한 아테네의 지식인이었다. 플라톤이 민주주의자였는가, 반민주주의자였는가에 대해서는 근대 이후 시기에 따라서 각기 다른 평가가 내려져 왔다. Lane(2001)은 민주주의와 관련해서 플라톤에 대한 상반된 평가가 내려지는 것은 플라톤의 문제라기보다 근대 이후 우리가 어떤 민주주의를 선호하는가의 문제라고 지적한다.

66 Annas(1981: Ch. 14).

67 스트라우스는 플라톤 철학(특히 정치철학)에서 이데아론이 차지하는 위상에 대해서 심각한 의문을 제기한다(Strauss, 1964).

68 Arendt(2006).

《국가》 읽기

일러두기

1. '《국가》 읽기'는 플라톤의 《국가》에서 주요 부분을 발췌하여 번역한 것으로, Loeb Classical Library 시리즈의 그리스어-영어 대역본〔Chris Emlyn-Jones and William Preddy, eds., *Plato: Republic*, Vols. V, VI (Cambridge: Harvard University Press, 2013)〕을 기준 판본으로 삼았다. 그 밖에 박종현 역주의 《국가·정체》(서광사, 2005), 천병희 번역의 《국가》(숲, 2013), 블룸의 영문 번역본〔Allan Bloom, trans., *The Republic of Plato* (New York: Basic Books, 1991)〕과 페라리의 편집본〔G. R. F. Ferrari, ed., Tom Griffith, trans., *Plato: The Republic* (Cambridge: Cambridge University Press, 2000)〕을 참고하였다.
2. 번역문 좌우측에 표시된 숫자와 알파벳은 관례적으로 사용되는 스테파누스 판의 페이지수와 단락이다.
3. 대화문의 어투는 대화자의 나이를 고려하여 번역하였고, 그리스어를 병기할 필요가 있는 단어는 각주로 표기하였다.

1. 대화편의 극적 배경(327a-328b)

[대화자: 소크라테스, 폴레마르코스, 글라우콘, 아데이만토스]

어제 나는 아리스톤의 아들 글라우콘과 함께 페이라이 327a
에우스로 내려갔었네. 여신[1]께 축원을 올리고, 처음으로 개최되는 축제인지라 어떻게 치러지는지 보고 싶어서였네. 이 지방 사람들의 행렬도 훌륭했지만, 트라케인들의 행렬도 그에 못지않게 볼만했다네. 축원과 구경을 마친
뒤 우리는 도시로 향했네. 그때 케팔로스의 아들 폴레마 b
르코스가 멀리서 우리를 보고는 시동(侍童)을 시켜서 우리에게 기다려 달라는 말을 전했네. 시동이 뛰어와서는 내 뒤에서 옷자락을 붙잡으며 "폴레마르코스 님이 두 분께

1 트라케(트라키아)의 달의 여신인 벤디스(Bendis)를 가리킨다.

좀 기다려 주십사 청합니다."라고 말하더군. 내가 뒤돌아서서 주인이 어디 있는지 물으니, 시동이 "그분께서는 저 뒤에서 이쪽으로 오시는 중이니, 좀 기다려 주십시오."라고 말했네. 그러자 (나와 같이 있던) 글라우콘이 "좋네, 기다리겠네."라고 말했네.

잠시 뒤 폴레마르코스가 글라우콘의 형 아데이만토스
c 와 니키아스의 아들 니케라토스를 비롯해 몇몇 사람과 함께 왔는데, 이들은 축제 행렬에 참가했다가 오는 길인 것 같았네.

폴레마르코스가 말했네. "소크라테스 선생님, 두 분은 이곳을 떠나 도시로 돌아가시는 길인가 보군요."

"틀리지 않았네." 내가 말했네.

"그러면 우리 일행이 얼마나 되는지 보이십니까?" 그가 물었네.

"어찌 안 보이겠나."

"그렇다면 두 분은 우리들보다 강하다는 것을 입증하거나, 아니면 여기에 머무르셔야 합니다!" 그가 말했네.

"허나 다른 가능성도 있지 않겠나. 우리를 보내 주도록 자네들을 설득하는 것 말일세." 내가 말했네.

"선생님께서는 들으려고 하지 않는 사람도 설득하실 수 있나요?" 그가 물었네.

"그럴 수는 없습니다." 글라우콘이 나서며 대답했네.

"그러면 우리가 결코 들으려 하지 않을 거라는 점을 염두에 두셔야만 할 거예요."

그러자 아데이만토스도 말했네. "그런데 두 분은 저녁
때 여신을 위해 마상(馬上) 횃불 경주가 있을 거라는 걸 모 328a
르십니까?"

"마상 횃불 경주라… 그건 분명 새로운 거로군. 말을 탄 채 서로 횃불을 주고받으면서 달리는 경주 말인가? 그게 아니면 어떤 걸 말하는 건가." 내가 말했네.

"바로 그것입니다. 그리고 밤새도록 벌어지는 축제도
볼만한 구경거리가 될 겁니다. 우리는 저녁 식사를 한 뒤
밖으로 나가서 축제를 구경하고, 거기서 젊은이들과 대화
도 나눌 겁니다. 그러니 두 분은 부디 머물러 주십시오." b
폴레마르코스가 말했네.

그러자 글라우콘이 나서며 말했네. "우리가 머물러야만 할 것 같습니다."

"자네 생각이 그렇다면 그렇게 해야지."라고 내가 말했네.

그래서 우리는 폴레마르코스의 집으로 갔네. 그곳에는 폴레마르코스의 형제인 뤼시아스와 에우튀데모스뿐 아니라 칼케돈 출신인 트라쉬마코스, 파이아니아 출신인 카르만티데스, 아리스토뉘모스의 아들 클레이토폰도 있었네.

2. 케팔로스 정의관의 검토와 폴레마르코스의 대응 (332a-d)

[대화자: 소크라테스, 폴레마르코스]

332a "누군가가 맡긴 것은 반드시 그에게 돌려줘야 하네. 그렇지 않은가?"

"그렇습니다."

"그러나 그가 제정신이 아닌 상태에서 반환을 요구할 때는 어떤 경우에도 돌려줘서는 안 되겠지?"

"물론 그렇습니다." 그가 말했네.

"그렇다면 빚진 것을 갚는 것이 정의라고 시모니데스가 말한 것은 이것[2]과는 다른 것이겠지."

"맹세코, 분명 다른 것입니다. 왜냐하면 그는 친구들 간에는 서로 좋은 일을 하되, 나쁜 일을 해서는 안 된다고 생각했을 것이기 때문입니다." 그가 말했네.

b "알겠네. 자네 얘기는 자신에게 황금을 맡긴 이에게 그것을 돌려줄 때, 두 사람이 친구 사이이고 돌려주고 돌려받음으로써 해로움이 야기된다면 시모니데스가 의미하는

2 누군가가 맡긴 것은 무조건 그에게 돌려줘야 한다는 앞의 말을 의미한다.

'빚진 것을 갚는 것'이 아니라고 말하는 것 아닌가?" 내가 말했네.

"물론입니다."

"그럼 이것은 어떤가? 적에게도 무엇을 빚지든 갚아야 하는가?"

"물론입니다. 적에게 빚진 것도 그대로 갚아야 합니다. 적에게 합당한 것은 해로운 것일 텐데, 그것도 그대로 갚아야 한다고 생각합니다." 그가 말했네.

그래서 내가 말했네. "그렇다면 시모니데스는 옳은 것 c
이 무엇인지에 관해 시인답게 수수께끼 같은 말을 한 것 같네. 왜냐하면 그는 각자에게 합당한 것을 돌려주는 것을 옳은 것이라고 생각하면서 그것을 '빚진 것'[3]이라고 명명했으니 말일세."

"그의 말이 무엇을 뜻한다고 생각하십니까?" 그가 물었네.

그래서 내가 대답했네. "맹세코, 누가 시모니데스에게 '의술은 누구에게 무엇을 빚진 것 혹은 합당한 것으로 삼아 돌려주는 기술[4]이라 할 수 있겠는가?'라고 묻는다면,

---

3 opheilomenon.

4 technē.

그는 우리에게 뭐라고 대답할 것 같은가?"

"의술은 몸에 약과 먹을 것과 마실 것을 주는 기술이라고 말할 것이 분명합니다." 그는 말했네.

"그러면 조리 기술은 누구에게 무엇을 '빛진 것' 또는 '합당한 것'으로서 제공하는 기술을 말하는가?"

"음식에 맛을 주는 기술입니다."

d "좋네. 그럼 누구에게 무엇을 주는 기술을 정의[5]라고 하겠는가?"

"소크라테스 님, 지금까지 우리가 한 말에 따르면, 그것은 친구들에게는 이익을, 적들에게는 해를 주는 기술이어야 합니다." 〔…〕

3. 트라쉬마코스의 정의관과 검증의 필요성(338c-339b)

[대화자: 소크라테스, 트라쉬마코스]

338c 〔…〕 그가 말했네. "나는 정의가 강자[6]에게 이득인 것 외

5 dikaiosunē.

6 트라쉬마코스가 말하는 '강자(强者)'란 통치자를 의미한다. 일반적으로 법을 준수하는 것이 정의라고 말하는데, 그 법이 통치자의 이익을 위해 만들어졌으므로 정의를

에 다른 것이 아니라고 주장합니다. 자, 선생은 왜 나를 칭찬하지 않지요? 칭찬하고 싶지 않은 모양이군요."

그래서 내가 말했네. "먼저 자네 말의 의미가 무엇인지 알아야 하겠네. 아직은 무슨 뜻인지 모르겠기에 하는 말일세. 트라쉬마코스여! 자네는 강자의 이득이 정의라고 주장하는데, 도대체 그게 무슨 뜻인가? 자네는 우리보다 강한 판크라티온 선수 폴뤼다마스가 쇠고기를 먹는 것이 그의 몸에 이득이라면, 그보다 약한 우리에게도 이 음식을 먹는 것이 이득인 동시에 정의라고 주장하는 것은 아니겠지."

"소크라테스 선생, 당신은 정말 역겨운 사람이로군요. d
당신은 내 말뜻을 가장 악의적인 방식으로 받아치고 있으니 말입니다." 그가 말했네.

"여보게, 그런 건 절대 아닐세. 자네 말의 의미가 무엇인지나 좀 더 분명하게 말해 주게." 내가 말했네.

"선생은 어떤 나라들은 참주정체 혹은 민주정체로, 또 어떤 나라들은 과두정체[7]로 운영되고 있다는 것을 모르신

강자에게 이득이 되는 것으로 본 것이다.

7 aristokrateomai는 '최선자 혹은 귀족에 의해 지배된다'는 것을 의미하지만 일반적으로 이 귀족은 '소수'를 뜻하므로 관례대로 '과두정체'로 옮겼다.

단 말입니까?" 그가 말했네.

"어찌 모르겠나?"

"그렇다면 각 나라에서 강자 노릇을 하는[8] 것이 곧 지배권력[9]이겠지요?"

"물론일세."

"그런데 모든 지배권력은 자신에게 이득이 되도록 법
e 률을 제정합니다. 민주정체는 민주정체적인 법을, 참주정체는 참주정체적인 법을 제정하고, 다른 정체들도 마찬가지입니다. 지배권력은 자신에게 이득이 되도록 법을 제정하고 그것이 피치자들에게 정의라고 선언한 후, 거기서 이탈한 자를 범법자나 부정의한 자로 처벌합니다. 친애하는 선생님, 정의는 어느 나라를 막론하고 지배권력에 이득이라는 것이 내 말이 의미하는 바입니다. 지배권력은
339a 이렇게 확실히 힘을 행사하므로, 올바르게 추론하는 사람에게 정의는 어디서나 동일하게 강자의 이득으로 귀결되기 마련입니다."

"이제야 자네 말뜻을 알겠네. 그렇지만 자네 말이 옳은지 아닌지는 검토해 봐야겠지. 어쨌든 트라쉬마코스 자네

8 krateō. 지배하다.

9 to archon.

도 정의는 '이득이 되는 것'[10]이라고 대답했네. 내게는 그렇게 대답하지 말라고 했던 방식 그대로 말일세. 물론 '강자에게'라는 말을 덧붙이긴 했지만."

"꽤 사소한 덧붙임이지요."라고 그가 말했네. b

"그게 중대한 것인지는 아직 분명하지 않네. 그러나 분명한 것은 자네 말이 옳은 것인지 검토해 봐야 한다는 것일세. 나도 정의가 이득이라는 점에는 동의하지만, 자네는 거기에 덧붙여 그것이 강자에게 이득이라고 말하는데, 나는 바로 그 점을 모르겠네. 따라서 그걸 반드시 검토해야만 하네." (…)

4. 엄밀한 의미의 통치자(341b)와 트라쉬마코스 논지의 역전(342d-e)

[대화자: 소크라테스, 트라쉬마코스]

(…) "그러나 우리에게 이런 일이 또 일어나는 것을 막 341b
기 위해, 자네가 통치자와 강자를 말할 때, 통상적인 의미

10 to sumpheron.

인지, 아니면 자네가 방금 말한 것처럼 엄밀한 의미인지를 확실히 하게."

"가장 엄밀한 의미의 통치자를 말합니다. 자, 이에 대해서 왜곡하거나 조롱해 보시지요. 그러실 수 있다면 말입니다. 어쨌든 선생은 그렇게 못할 테니까요. 나는 선생께 사정하지 않을 겁니다." 그가 말했네.

342d 〔…〕"그러면 어떤 의사도 그가 의사인 한, 자신에게 이
득이 되는 것이 아니라, 환자에게 이득이 되는 것을 생각
하고 지시하겠지? 왜냐하면 엄밀한 의미의 의사는 몸을
관리하는 사람이지 돈을 버는 사람이 아니라는 데 자네도
동의했으니까. 아니면 동의하지 않았던가?"라고 내가 묻
자 그는 이에 동의했네.

"엄밀한 의미의 선장도 선원들의 통솔자이지 선원은
아니라는 데에도 동의하지 않았던가?"

e "동의했습니다."

"그러면 선장과 통치자는 자신들에게 이득인 것을 생각하고 지시하는 것이 아니라, 선원과 통치받는 자에게 이득인 것을 생각하고 지시하지 않겠나."

그는 마지못해 동의했네.

그래서 내가 말했네. "트라쉬마코스여! 어떤 종류의 통

치자든 그가 통치자인 한 자신에게 이득이 되는 것이 아니라, 자신의 통치를 받는 쪽의 이득을 생각하고 지시할 걸세. 즉 이런 관점에서 그의 모든 말과 행동은 통치를 받는 사람들에게 이득이 되고 적절한 것인지를 염두에 둔 것이라네."

5. 통치자의 통치 동기에 대한 소크라테스의 가정(347b-e)

[대화자: 소크라테스, 글라우콘]

〔…〕 내가 말했네. "그것[11] 때문에 훌륭한 사람들은 돈이 347b
나 명예를 얻기 위해서 통치하려 하지 않는 것일세. 그들은 보수를 받고 통치함으로써 고용인으로 불리기를 바라지 않을뿐더러, 권력을 이용해 몰래 이득을 취함으로써 도둑이라 불리기도 바라지 않네. 그들은 또한 명예를 위해 통치하지도 않을 걸세. 그들은 명예를 사랑하는 이들
이 아니기 때문이지. 따라서 그들이 통치할 마음을 먹게 c
하려면 강요나 징벌이 필요하다네. 이 때문에 강요를 받

11 소크라테스와 글라우콘이 명예나 돈에 대한 사랑을 부끄러운 것이라고 확인한 사실을 의미한다.

을 때까지 기다리지 않고 자진하여 관직으로 나가는 것은
수치스러운 일로 여겨 왔던 것 같네. 그러나 그들이 스스
로 통치하기를 거부할 때, 그들에게 가해지는 가장 큰 벌
은 자신보다 못한 이들에게 통치를 받는 것이라네. 내 생
각에는 바로 이 점을 두려워해서 적격자들이 통치의 길
로 나서는 것으로 보이네. 이런 이유로 그들은 무언가 좋
은 것이나 즐길 만한 것에 향하듯 통치에 나서는 것이 아
니라, 그들 자신보다 더 훌륭하거나 자신과 대등한 이들
d 에게 통치를 맡기는 것이 불가능해서 어쩔 수 없이 나서는
것이네. 만일 훌륭한 이들의 나라가 생긴다면, 지금 이곳
에서 서로 통치하려고 싸움을 벌이는 것처럼 그곳에서는
서로 통치를 하지 않으려고 싸움을 벌일 걸세. 이로써 진
정한 통치자는 본성적으로 자신의 이득이 아니라 피치자
에게 이득인 것을 고려한다는 점이 분명해졌네. 분별 있는
사람이라면 남을 이롭게 하느라 분주한 것보다 남으로부터
e 이득을 얻는 쪽을 택할 것이네. 따라서 나는 정의가 강자에
게 이득이라는 견해에 관해서는 트라쉬마코스와 전적으
로 의견을 달리하네. 그러나 이 문제는 나중에 우리가 다
시 검토하게 될 걸세. 내게는 부정의한 자의 삶이 정의로
운 자의 삶보다 낫다고 하는 트라쉬마코스의 발언이 훨씬
더 중요한 것 같기 때문이네. 글라우콘, 자네는 어느 쪽을

택하겠나? 어느 쪽이 진실을 말하고 있다고 생각하나?"

"저는 정의로운 자의 삶이 더 이롭다고 생각합니다."

6. '부정의가 강하다'라는 명제에 대한 소크라테스의 논박과 국가-영혼 유비의 단초(351a-d)

[대화자: 소크라테스, 트라쉬마코스]

내가 말했네. "자, 그러면 조금 전처럼 우리의 논의를 351a
차례로 검토하기 위해서 정의는 부정의에 비해서 어떤 본질을 갖고 있는가에 대해서 질문하겠네. 상기하건대, 부정의가 정의보다 영향력 있고 강하다고 얘기된 것 같네. 그렇지만 만일 정의가 지혜와 덕이라면, 정의가 부정의보다 강하다는 것은 쉽게 밝혀질 거라고 생각하네. 〔정의가 지혜라면 - 옮긴이〕 부정의는 무지일 테니까. 그걸 모르는 사람은 없을 걸세. 그러나 트라쉬마코스, 나는 이 문제를 그렇게
단순하게 논의할 것이 아니라, 다음과 같이 검토하고 싶 b
네. 어떤 국가가 다른 국가들을 예속하려고 시도하고, 이들을 속국으로 삼아 예속시킨다면 그 국가는 부정의한 국가라고 할 텐가?"

"물론입니다. 특히 가장 '훌륭한' 나라, 그러니까 가장

부정의한 나라가 그렇게 하겠지요."[12] 그가 말했네.

"알겠네. 그것이 자네의 주장이로군. 그러나 나는 다른 국가보다 더 강력해진 국가가 정의 없이도 그런 힘을 얻을 수 있는지, 아니면 필연적으로 정의를 수반해야 하는지 검토하려고 하네." 내가 말했네.

c "선생이 방금 말했듯이 정의가 지혜라면 정의가 필요하겠지만, 내가 말한 대로라면 부정의가 필요하겠지요." 그가 말했네.

그래서 내가 말했네. "놀랍구만. 트라쉬마코스여! 고개를 끄덕이거나 가로젓지 않고 아주 훌륭하게 대답해 주다니 말일세."

"선생을 기쁘게 하려고 그런 것입니다." 그가 말했네.

"어쨌든 잘하고 있네. 하지만 한 번 더 호의를 베풀어 말해 주게. 국가든 군대든 강도단이든 도둑 떼든 또는 다른 집단이든 공동으로 부정의한 일을 도모할 때, 만약 그들이 서로에게 부정의한 짓을 한다면 그들이 뭔가를 이루어낼 수 있을 거라고 생각하는가?"

"물론 아니지요." 그가 대답했네.

12 트라쉬마코스의 관점에서는 가장 부정한 나라가 가장 훌륭한 나라다.

"그들이 서로에게 부정의한 짓을 하지 않는다면 어떨 d
까? 더 잘 해낼 수 있지 않을까?"

"물론입니다."〔…〕

[제2권]

1. 글라우콘의 선의의 도전(358c-361d)

[대화자: 소크라테스, 글라우콘]

358c “첫 번째로, 저는 트라쉬마코스의 주장을 되살려서, 사
람들이 정의의 본질과 기원을 뭐라고 말하는지 얘기해 보
겠습니다. 두 번째로, 저는 정의를 행하는 모든 사람들이
그것을 불가피한 것으로 여기고 마지못해 따를 뿐, 그것
자체로 좋은 것으로 여겨서 행하는 것은 아니라는 점을
말하겠습니다. 세 번째로, 사람들이 그렇게 행동하는 것
은 온당하다는 점을 말하겠습니다. 왜냐하면 부정의한 자
의 삶이 정의로운 자의 삶보다 훨씬 낫다고 사람들은 말
하니까요. 소크라테스 선생님. 이것은 제 견해가 아닙니
다. 하지만 이런 말을 트라쉬마코스를 비롯하여 수많은
d 이들에게서 귀가 아프도록 듣다 보니 저도 당황스럽습니
다. 정의가 부정의보다 낫다고 하는 정의를 위한 변론을

아직 누구한테서도 제가 원하는 방식으로 들어 본 적이 없습니다. 저는 정의가 그 자체로 칭송받는 것을 듣고 싶은데, 누구보다도 선생님한테서 그것을 들을 수 있을 거라고 생각합니다.

이런 연유로 저는 부정의한 삶을 온 힘을 다해 옹호해 볼 것입니다. 또한 저는 선생님께서 부정의를 비난하고 정의를 옹호함에 있어서 어떤 식으로 하시기를 원하는지를 말씀드리겠습니다. 제가 드리는 제안이 마음에 드시는지요?"

"마음에 들고말고. 지각 있는 사람이라면 되풀이해서 말하고 듣더라도 즐거워할 만한 주제로 이보다 더한 것이 있겠는가?" 내가 말했네.

"지당하신 말씀이에요." 그가 말했네. "그러면 제가 첫 e
번째로 말하겠다고 했던 정의의 본질과 기원에 대해서 들
어 보십시오. 사람들이 부정의를 행하는 것은 본성상 좋
은 것이고 부정의를 당하는 것은 본성상 나쁜 것인데, 그
것을 당할 때의 불이익이 행할 때의 이익보다 훨씬 크다
고 합니다. 사람들은 서로 부정의를 행하기도 하고 부정 359a
의를 당하기도 하는데, 이 모두를 겪은 뒤에는 전자를 택
하면서 후자는 피할 능력을 갖추지 못한 이들끼리[13] 협정
을 맺어 부정의를 행하지도 당하지도 않도록 하는 것이

이익이라고 여기게 됩니다. 그래서 사람들은 법을 제정하
고 협정을 체결하기 시작했으며, 법이 지시하는 것을 '합
법적'이며 '정의롭다'고 칭하는데, 이것이 정의의 기원이
자 본질이라고들 말합니다. 이것은 부정의를 행하고도 처
벌받지 않는 최선의 경우와 부정의를 당하고도 보복할 수
없는 최악의 경우의 중간에 해당합니다. 따라서 양쪽의
중간으로서의 정의는 그 자체가 좋은 것이기 때문에 환영
받는 것이 아니라, 우리가 부정의를 행할 능력이 부족하
b 기 때문에 칭송받는 것입니다. 부정의를 행할 수 있는 진
정한 남자라면, 부정의를 행하지도 않고 당하지도 않겠다
고 하는 협정을 누구와도 체결하지 않을 겁니다. 그런데
도 협정을 체결한다면 그는 정신 나간 사람이겠지요. 소
크라테스 선생님, 이 논의에 따르면 이것이 정의의 본질
이자 기원입니다.

정의를 행하는 사람들은 부정의를 행할 힘이 없어서
마지못해 정의를 행하는 것이라는 주장이 사실이라는 것
은 다음과 같은 경우를 상정해 보면 잘 알 수 있습니다.
c 정의로운 자와 부정의한 자에게 각각 자신이 원하는 것

13 전자와 후자는 각각 '부정의를 행하는 것'과 '부정의를 당하는 것'을 가리킨다.

을 무엇이든 할 수 있는 자유를 준 다음 각자의 욕구가 그들을 어디로 이끄는지를 관찰해 보는 겁니다. 우리는 정의로운 자도 더 많이 가지려는 탐욕[14]으로 인해 부정의한 자와 똑같은 짓을 저지르는 경우 현행범으로 체포할 것입니다. 모든 본성은 자연적으로 이것[15]을 좋은 것으로 여겨 추구하는데 다만 법의 강제로 평등을 존중하게 된 것입니다.

내가 말하는 '마음대로 할 수 있는 자유'[16]가 무엇인가
는 이들 두 사람[17]에게 뤼디아인 귀게스의 선조가 가지고 d
있었다는 능력을 부여해 보면 잘 드러납니다. 전해지는 이야기는 이렇습니다. 그는 당시 뤼디아의 통치자에게 고용된 목자였다고 합니다. 하루는 큰 뇌우와 지진이 일어나 양들에게 풀을 먹이던 땅이 갈라져 틈이 생겼답니다. 그 광경에 놀란 그는 갈라진 틈으로 내려갔답니다. 그곳에서 그는 여러 가지 놀라운 것들과 함께, 작은 창문들이나 있는 속이 빈 청동 말을 봤는데, 몸을 구부려 그 창문 안을 들여다봤더니 사람보다 더 커 보이는 시신이 보였다

14 pleonexia.

15 더 많이 가지려는 탐욕을 가리킨다.

16 exousia.

17 정의로운 자와 부정의한 자를 말한다.

e 는 것입니다. 그 시신은 아무것도 걸치지 않은 채 손에 금
반지만 끼고 있었는데, 그는 이 금반지를 빼서 밖으로 가
지고 나왔답니다.

이런 일이 있은 뒤에, 양 떼에 관해 매달 왕에게 보고하
는 목자들의 모임에 그는 이 반지를 끼고 갔답니다. 다른
사람들 사이에 앉아 있던 그는 우연히 반지의 보석을 손
바닥 쪽으로 돌렸답니다. 그러자 그는 동석한 사람들에게
보이지 않게 되었고, 그들은 마치 그가 자리에 없는 것처
360a 럼 대화를 나눴답니다. 깜짝 놀란 그는 반지를 만지작거
리며 반지의 보석을 바깥쪽으로 돌렸는데, 그렇게 하자마
자 그가 다시 보였답니다. 그는 이것을 곰곰이 생각하다
가, 반지에 과연 그런 능력이 있는지 실험했는데, 실제로
반지의 보석을 안쪽으로 돌릴 때 자신의 모습이 보이지
않고, 바깥쪽으로 돌릴 때 다시 보였다는 겁니다. 이 사실
을 알게 된 그는 곧바로 왕의 전령 가운데 한 사람이 되도
록 일을 꾸몄고, 왕궁에 도착하자마자 왕비와 간통한 후,
b 왕비의 도움으로 왕을 살해하고 왕위에 올랐다고 합니다.

만약 그런 반지가 두 개 있어서 정의로운 자와 부정의
한 자가 하나씩 꼈다고 할 때, 정의만을 고수하며 남의 것
c 에 손대지 않을 사람은 없을 겁니다. 즉 그가 시장에서 원
하는 것이면 무엇이든 두려움 없이 가질 수 있고, 어느 집

에나 들어가서 원하는 사람과 육체적 관계를 맺을 수 있
고, 누구든 마음대로 죽이거나 감옥에서 풀어주면서 인간
들 사이에서 신처럼 행동할 수 있다면 말입니다. 이런 상
황이라면, 두 사람 사이에 어떠한 차이도 없을 것이며, 이
들은 같은 곳을 향해 갈 겁니다.

이것이야말로 어떤 사람이 정의롭다면 자발적으로 그
렇게 하는 것이 아니라 마지못해 그렇게 된다는 강력한
증거라고 주장할 법합니다. 사람들은 정의가 개인에게 좋
은 것이라고 여기지 않습니다. 각자가 부정의를 행하고서
충분히 도망갈 수 있는 상황이라면, 언제나 부정의를 행 d
할 테니까요. 부정의가 정의보다 개인에게 훨씬 이익이라
는 것은 모든 사람들이 진실로 믿는 바입니다. 그리고 그
들이 이렇게 믿는 것은 옳습니다. 이런 주장을 하는 사람
은 다음과 같이 말할 것이기 때문입니다. '누가 무엇이든
할 수 있는 자유를 얻었는데도 부정의한 짓을 저지르지
않고 남의 재물에 손대지 않는다면, 그것을 본 사람들은
그를 가장 딱하고 어리석은 자로 여길 것입니다. 비록 그
들은 부정의를 당할까 봐 두려워 면전에서는 서로를 속
이며 그를 칭찬하겠지만요.' 그런 주장에 대해서는 이 정
도로 해두겠습니다.

그러나 우리가 말하고 있는 두 사람의 삶 가운데 어느 e

쪽을 택할지는 가장 정의로운 자와 가장 부정의한 자를 대비시켰을 때 비로소 올바르게 판정할 수 있을 겁니다. 그렇게 하지 않으면 결코 올바른 판정을 내릴 수가 없습니다. 어떻게 대비시킬지는 다음과 같습니다. 우리는 부정의한 자의 부정의나 정의로운 자의 정의에서 조금도 감하지 말고, 각자의 삶의 방식에 있어서 완벽한 자를 가정하는 겁니다. 먼저 부정의한 자부터 시작합시다. 우리는 부정의한 자를 능숙한 전문가처럼 행동하게 합시다. 예컨대 최고의 선장이나 의사는 자신의 기술에 있어서 가능한 것과 불가능한 것을 구별할 줄 알고, 가능한 것은 시도하되 불
361a 가능한 것은 그냥 둡니다. 만일 실수를 하더라도 그들은 그것을 능히 바로잡을 능력을 갖추고 있습니다. 마찬가지로 부정의한 자가 완벽하게 부정의한 자가 되려면, 온갖 부정의를 저지르고도 발각되지 않아야 하고, 붙잡히는 자는 서툰 사람으로 간주되어야 합니다. 최상의 부정의는 실제로는 불의를 행하면서도 정의로운 것처럼 보이는 것이니까요.

따라서 우리는 부정의한 자에게 완벽한 부정의를 부여하되, 거기에서 조금도 감하지 말고 그가 가장 부정의한 짓을 저질러도 가장 정의롭다는 평판을 얻도록 해야 합니
b 다. 실수를 범하더라도 그는 그것을 만회할 힘을 갖고 있

습니다. 만일 그의 부정의가 탄로 나면 그는 능히 사람들을 설득할 능력이 있으며, 필요할 경우 폭력을 사용할 능력도 갖추고 있습니다. 왜냐하면 그는 용맹하고 강할 뿐 아니라, 친구의 지원과 재물도 동원할 수 있으니까요.

우리는 부정의한 자를 이런 사람으로 가정하고, 그의
옆에 순진하고 고상하며 아이스킬로스[18]의 말처럼 훌륭
한 사람처럼 보이기만을 원하는 것이 아니라 실제로 훌륭
한 사람이기를 원하는 정의로운 사람을 서게 합시다. 우 c
리는 이제 그에게서 '그렇게 보이는 것'은 떼어내야 합니
다. 그가 만일 정의로운 사람처럼 보인다면, 그렇게 보임
으로써 정의로운 사람에게 주어지는 여러 가지 명예와 선
물이 그에게 부여될 것이고, 그러면 그가 정의로운 것이
정의 때문인지, 선물이나 명예 때문인지 분명하지 않을
테니까요. 그래서 우리는 그에게서 정의를 제외한 모든
것을 박탈하고, 앞서 말한 부정의한 자와는 정반대의 상
황에 놓이게 만들어야 합니다. 그는 부정의를 전혀 저지
르지 않았지만 가장 부정의하다는 평을 듣도록 해서, 그
가 나쁜 평판과 그 결과에도 약해지지 않는지 보고 그의

18 고대 그리스의 3대 비극 작가 중 한 사람으로, '오레스테이아 3부작' 등 여러 비극을 남겼다.

정의가 시험받도록 해야 합니다.

d 우리는 전 생애에 걸쳐 그가 정의로운 사람이면서도 부정의한 사람처럼 보이도록 할 것입니다. 이렇게 두 사람을 정의와 부정의의 양극단에 갖다 놓을 때 우리는 이 둘 가운데 어느 쪽이 더 행복한지 판단할 수 있을 겁니다." (…)

2. 국가-영혼 유비의 시작(368c-369a)

[대화자: 소크라테스, 아데이만토스]

368c (…) 나는 말했네. "내가 보기에 우리가 착수하려는 탐구는 결코 사소한 것이 아니라, 예리한 시력이 필요할 것
d 같네. 그런데 우리는 이런 일에 능한 사람들이 아니니까, 다음과 같은 방식으로 탐구해야 한다고 생각하네. 예컨대, 누군가 시력이 좋지 않은데도 멀리 떨어진 곳에서 작은 글자들을 읽도록 지시받았다고 가정해 보게. 어떤 사람이 똑같은 글자들이 어딘가 다른 곳에, 그것도 더 넓은 공간에 더 큰 글자로 적혀 있다는 것을 알아차리고는, 먼저 그것들을 읽고 난 다음에 작은 글자들이 그와 같은 것인지를 살피게 된다면, 이를 행운으로 여기지 않겠는가."

"물론입니다. 하지만 소크라테스 선생님, 정의에 관한 우리의 탐구와 그것이 무슨 관계가 있다고 보시는 건가요?" 아데이만토스가 말했네. e

"내가 말하겠네. 우리는 정의가 한편으로 개인의 것이지만, 다른 한편으로는 국가 전체의 것이라고 일컫지 않는가?" 내가 말했네.

"물론입니다." 그가 말했네.

"국가는 개인보다 더 크지 않겠나?"

"더 큽니다." 그가 말했네.

"그렇다면 아마도 정의는 더 큰 것 안에 더 큰 규모 369a
로 존재할 것이고, 그만큼 알아보기도 더 쉬울 걸세. 자네들만 좋다면, 먼저 국가들에서 정의가 어떤 것인지 탐구한 다음 개인에게로 나아가서, 큰 것에서 발견한 것과 유사한 것이 작은 것의 형태[19]에서도 발견되는지 검토해 보세."

"좋은 말씀인 것 같습니다." 그가 말했네.

19 eidōs. 보통 '이데아' 혹은 '형상'으로 번역하지만 여기서는 일반적인 의미로 옮겼다. 아직 본격적으로 이데아론이 제시된 것은 아니지만, 국가와 개인이 동일한 이데아에 참여하고 있다는 논지를 암시한다.

그래서 내가 말했네. "만일 우리가 말로써[20] 국가의 생성을 보여 줄 수 있다면, 우리는 국가 안에서 정의와 부정의의 생성도 볼 수 있겠지?"

"아마 그럴 것입니다."

3. '돼지들의 나라'로부터 '사치스러운 나라'의 도입 (372d–373a)

[대화자: 소크라테스, 글라우콘]

372d 〔…〕 "소크라테스 선생님, 만약 선생님께서 돼지들의 나라[21]를 세우신다면 바로 이런 것들 말고 무엇으로 돼지들을 먹이시겠습니까?" 글라우콘이 말했네.

그래서 내가 말했네. "글라우콘, 자네라면 어떻게 하겠나?"

"관습대로 해야지요." 그가 말했네. "그들은 불편함을 피

20 현실의 실현 가능성과 무관하게 일단 '논의의 정합성을 따져서'라는 의미로 사용되었다.

21 바람직한 나라를 고급스러운 의식주를 누리는 나라라고 생각한 글라우콘은 소크라테스가 말하는 '최소한의 국가'를 '돼지들의 나라'라고 칭하며 불만을 토로한 것이다.

하기 위해서 침상에 기대앉아 식탁에서 음식을 먹으며, 요 e
즘 사람들이 먹는 음식과 후식을 먹을 것으로 생각합니다."

그래서 내가 말했네. "좋아, 알겠네. 우리는 국가가 어
떻게 형성되는가를 고찰하는 데 그치지 않고, 사치스러운
나라가 어떻게 생성되는지도 고찰하고 있는 것 같군. 그
것도 나쁘지 않지. 그런 국가를 검토하다 보면 정의와 부
정의가 국가에서 어떻게 자연적으로 뿌리 내리게 되는지
도 볼 수 있을 테니까. 내 생각에 진정한 국가는 우리가
방금 묘사한 건강한 국가인 것 같네. 하지만 자네들이 원
한다면 곪은 국가[22]도 고찰하도록 하세. 우리를 막을 것 373a
은 아무것도 없으니까. 우리가 앞서 말한 생활방식에 대
해서 어떤 사람들은 만족하지 못할 것이며, 그것에 더하
여 침상과 식탁과 다른 가구들, 여러 가지 부식(副食), 향유
와 향료, 매춘부와 과자를, 그것도 각각의 온갖 종류를 가
지려 할 걸세. 더욱이 우리는 우리가 처음에 말한 집과 의
복과 신발만을 필수적인 것들로 간주하는 것이 아니라,
회화와 자수도 동원되어야 하고, 황금과 상아 등 온갖 것
을 갖추길 바랄 걸세. 그렇지 않은가?"

22 phlegmainousa polis. '필수품뿐 아니라 사치와 여가를 즐기는 국가'를 뜻한다.

"네, 그래요." 하고 그가 말했네.

4. 전쟁의 기원(373d-374a)

[대화자: 소크라테스, 글라우콘]

373d (…) "이전에는 우리를 충분히 먹여 살리던 영토도 이제는 너무 작아져 버렸네. 자네 생각은 어떤가?"

"그런 것 같습니다." 그가 말했네.

"우리가 충분한 목초지와 경작지를 확보하려면 이웃 나라의 땅 일부를 떼어 가져야 하겠지. 그리고 이웃 나라 사람들도 필수품에 국한하지 않고 재물을 무한정 획득하고자 한다면 마찬가지로 우리 땅 일부를 떼어 가지려고 하지 않겠나?"

e "소크라테스 선생님, 그야 당연하지요." 그가 말했네.

"글라우콘, 그렇게 되면 우리는 전쟁을 해야겠지? 안 그런가?"

"그렇습니다." 그가 말했네.

그래서 내가 말했네. "전쟁이 나쁜 결과를 가져왔는지, 아니면 좋은 결과를 가져왔는지에 대해서는 언급하지 말기로 하세. 다만, 우리가 전쟁의 기원을 발견했다고만 말해 두세. 이 전쟁으로 인해 우리 국가에서도 사적으로나 공적으로나 가장 사악한 것들이 생기는 것일세."

"물론입니다."

"여보게, 그러자면 우리의 이 나라는 훨씬 더 커져야 374a
하네. 작은 규모의 확대가 아니라 모든 부(富)와 방금 우리가 말한 것들을 지키기 위해 침략자들에 맞서 전쟁을 치를 수 있는 전체 군대만큼 말일세."

"무슨 말씀입니까? 그들만으로 충분하지 않습니까?"[23] 그가 물었네.

"충분치 않네. 우리가 국가를 건설하기 시작할 때 우리 모두 합의한 전제가 옳다면 말일세. 자네도 기억하겠지만, 그건 한 사람이 여러 직업에 제대로 종사하기란 불가능하다는 것이었네." 내가 대답했네.

"옳은 말씀입니다." 그가 말했네.

23 군대를 따로 두지 않고 전시에 시민이 국방을 책임지는 것으로 충분하지 않느냐는 의미다.

5. 수호자의 성향(375a-e)

[대화자: 소크라테스, 글라우콘]

375a 〔…〕 내가 말했네. "수호의 관점에서, 자네는 혈통 좋은 개의 본성과 가문 좋은 젊은이의 본성 간에 차이가 있다고 생각하는가?"

"무슨 말씀이신지요?"

"이를테면 양쪽 다 감각이 예민하고, 찾아낸 것을 추격하는 데 민첩하며, 맞붙어 싸울 때는 힘이 강해야 한다는 말일세."

"양쪽 다 이 모든 자질이 필요합니다." 그가 말했네.

"잘 싸우려면 용맹함도 필요하겠지."

"어찌 안 그렇겠습니까?"

"그런데 말이든 개든 그 밖의 다른 어떤 동물이든 기
b 개(氣槪)[24]가 없다면 용맹할 수 있겠는가? 기개야말로 저항할 수 없고 정복할 수 없는 것이어서, 그것이 있으면 어떤 영혼도 모든 것에 대해서 겁이 없고 굴복하지 않는다는 것을 자네는 알아차리지 못했는가?"

24 혹은 격정(thymoeidēs).

"물론 알아차렸습니다."

"그렇다면 수호자의 신체적인 자질이 어떠해야 하는가는 분명하네."

"그렇습니다."

"그리고 혼의 자질과 관련해서는 기개가 높아야 한다는 것도."

"그 역시 분명합니다."

그래서 내가 말했네. "글라우콘, 그들의 본성이 그러하다면 그들이 서로에게나 다른 시민들에게 사납게 대하지 않을 수 있을까?"

"맹세코, 쉽지는 않을 겁니다." 그가 말했네.

"하지만 그들은 동료 시민들에게는 온순하고 적들에게 c
만 사나워야 하네. 그렇지 않으면 남들이 그들을 파멸시키기도 전에, 그들은 서로를 파멸시킬 걸세."

"옳은 말씀입니다." 그가 말했네.

"그럼 어떡한다? 온순하면서도 강한 기개를 가진 성향을 우리는 어디서 찾을 수 있겠는가? 온순한 성향과 기개적인 성향은 정반대이니 말일세." 내가 말했네.

"그런 것 같습니다."

"그러나 이 둘 중 하나라도 결여되면 그는 훌륭한 수호자가 될 수 없네. 그런데 이 둘을 겸비하기란 불가능해

d 보이며, 따라서 훌륭한 수호자가 존재하는 것도 불가능
할 것이네."
"그럴 것 같습니다." 그가 말했네.
나는 당황스러웠지만, 조금 전에 한 말을 돌이켜보고서
이렇게 말했네. "여보게, 우리가 이렇게 당황스러운 처지
에 놓이게 된 것도 당연한 일이네. 우리는 앞서 우리 자신
이 제안한 비유를 방치해 뒀으니 말일세."
"무슨 말씀이십니까?"
"우리는 서로 상반된다고 생각한 성향을 겸비한 본성
이 실제로 존재한다는 사실을 알아차리지 못하고 있었다
는 말일세."
"어디에 존재한다는 말씀이신지요?"
"여러 가지 동물들, 특히 우리가 수호자와 비교한 바
e 있는 개에게 존재하네. 자네도 혈통 좋은 개들에 대해서
알고 있을 걸세. 이들은 본성적으로 친숙하거나 아는 사
람들에게는 끝없이 온순하지만, 모르는 사람들에게는 아
주 사납다네." 〔…〕

6. 수호자가 교육받아야 하는 이야기의 허구성(376e–377a)

[대화자: 소크라테스, 아데이만토스]

"그러면 이들[25]이 받아야 하는 교육은 무엇인가? 혹은 376e
오랜 세월 동안 만들어진 것보다 더 나은 것을 찾기란 어려운 일인가? 내 생각엔 몸을 위한 체육 교육과 혼을 위한 시가(詩歌) 교육이 있다네."

"네, 그렇습니다."

"그렇다면 체육 교육보다 시가 교육을 먼저 시작해야 하지 않겠나?"

"물론입니다."

"그러면 자네는 시가 교육에 이야기를 포함시키는가, 아닌가?"

"저는 포함시킵니다."

"이야기에는 두 종류가 있는데, 하나는 진실된 것이지만 다른 한 종류는 허구이겠지?"

"네, 그렇습니다."

"그들은 두 가지를 다 배워야 하지만, 먼저 허구부터 377a

25 수호자들을 가리킨다.

교육받아야겠지?"

"무슨 말씀인지 모르겠습니다." 그가 말했네.

그래서 내가 말했네. "자네는 우리가 아이들에게 신화를 먼저 들려준다는 것도 모르는가? 신화는 간혹 사실이 포함되어 있긴 하지만 대체로 허구일세. 어쨌든 우리는 체력단련에 앞서 아이들에게 신화부터 들려주네."

"그건 그렇습니다."

"그런 뜻에서 체육 교육보다 시가 교육을 먼저 해야 한다고 말한 거라네."

"옳은 말씀입니다." (…)

제3권

1. 거짓의 허용에 대하여(389b-c)

[대화자: 소크라테스, 아데이만토스]

〔…〕 "그렇지만 우리는 진실도 높이 평가해야 하네. 방 389b
금 우리가 한 말[26]이 맞다면, 그리하여 실제로 거짓말이 신들에게는 무용하지만 인간들에게는 오직 약으로서 유용하다면, 그것은 의사들에게 맡겨야지 일반인들이 관여해서는 안 되는 것이 확실하네."

"분명히 그렇습니다." 그가 말했네.

"거짓말을 할 자격이 있는 사람들은 국가를 다스리는 통치자들뿐이네. 그들은 국가의 이익을 위해서 적들이나

26 수호자가 죽음을 두려워하지 않고 제 역할을 하기 위해서는 저승을 비관적으로 묘사해서는 안 되며, 신들은 어떤 상황에서도 진중하게 묘사되어야 한다는 주장.

c 시민들에게 그렇게 해도 되지만, 그 밖의 모든 이들은 거짓말을 해서는 안 되네. 그래서 일반 개인이 통치자들에게 거짓말을 하는 것은 환자가 의사에게 진실을 말하지 않는 것, 체력단련을 하는 사람이 자신의 몸 상태와 관련하여 체육 교사에게 진실을 말하지 않는 것, 선원이 배나 자신 또는 동료 선원들의 상태와 관련하여 선장에게 사실대로 말하지 않는 것과 같거나, 그보다 심각한 잘못이라고 우리는 간주할 걸세."

"옳은 말씀이십니다." 그가 말했네.

2. 한 사람에게 한 가지 일만 맡기는 이상국가의 특징 (397d-398b)

[대화자: 소크라테스, 아데이만토스]

397d 〔…〕 내가 말했네. "하지만 자네는 그런 유형[27]이 우리
e 정체에는 어울리지 않는다고 말할 걸세. 이 나라에서는 각자가 한 가지 일만 하고, 두 가지 일을 하거나 다방면에

27 말투, 멜로디, 리듬에 있어서 다채롭게 혼합하는 유형을 말한다.

종사하는 사람은 아무도 없기 때문이네."

"물론 어울리지 않습니다."

"이런 연유로, 우리는 오직 이 나라에서만 제화공이 구두 만드는 일만 할 뿐 제화공과 선장을 겸하는 경우가 없고, 농부가 재판관을 겸하는 일도 없으며, 전사가 사업가를 겸하는 일이 없음을 발견할 것이네. 그 밖의 모든 이들도 마찬가지라네."

"옳은 말씀이에요." 그가 말했네.

"만약, 자신의 재능으로 모든 것이 다 될 수 있고, 모든 398a
것을 모방할 수 있는 사람이 이 나라에 찾아와서 자신의 작품(시)을 보여 주고 싶어 한다면, 우리는 그를 신성하고 놀랍고 유쾌한 사람으로 경배하겠지만, 이 나라에는 그와 같은 사람이 없기도 하거니와, 그런 사람이 있는 것이 법에 위배된다고 설명한 다음, 그의 머리에 향유를 붓고 양모로 관을 씌워서 다른 나라로 보낼 걸세. 우리는 우리 자신의 이익을 위해 더 엄격하고 덜 재미있는 시인과 설화작가에 만족할 텐데, 그는 점잖은 사람의 말투를 생성하고 우리가 군인들을 교육하려고 했을 때 처음부터 우리가
지정해 놓은 말의 형식을 표현할 것이네."〔…〕 b

3. 검열의 필요성(400e-401d)

[대화자: 소크라테스, 글라우콘]

400e 〔…〕 "그렇다면 젊은이들이 맡은 일을 제대로 수행하려면 어디서나 그런 것들[28]을 추구해야만 하지 않겠는가?"

"진정 그래야만 합니다."

401a "그림과 그런 종류의 모든 기술도 분명 이와 같은 것들로 가득 차 있네. 직조, 자수, 건축, 그 밖의 다른 장식들의 제작술뿐 아니라, 모든 동식물의 본성 역시 그러하네. 그 모든 것 안에는 우아함과 추함이 있기 때문일세. 그리고 추함과 나쁜 리듬과 부조화는 나쁜 말씨[29]와 나쁜 성격(성품)[30]의 형제자매이고, 그와 반대되는 것들은 절제 있고 좋은 성격의 형제자매이자 모방물이라네."

"전적으로 그러합니다." 그가 말했네.

b "그렇다면 우리는 시인들만 감시하며 그들이 자신들의

28 여기서 '그런 것들'이란 수호자들에게 요구되는 적절한 성격을 의미한다. 앞에서 소크라테스는 수호자들의 좋은 말투와 멜로디, 우아함, 좋은 리듬이 좋은 성격과 어울린다고 결론내린 바 있다.

29 kakologia.

30 kakoētheia.

시에서 좋은 성격만 그리도록 하거나, 아니면 이 나라에
서는 아예 시를 짓지 못하게 해야 할까? 혹은 우리는 다
른 장인(匠人)들도 감시하며 그림과 조각, 건축이나 다른
예술작품에서 나쁜 성격과 무절제와 비굴함과 추함을 그
리지 못하게 막고, 이에 따르지 않는다면 장인으로 활동
하는 것을 금지해야 할까? 우리의 수호자들이 마치 악한 c
것들의 상(像)이라는 유해한 풀밭에 둘러싸여 그 속에서
성장하면서 날마다 그 풀을 조금씩 뜯어먹다가 알지 못하
는 사이에 그들의 혼 안에 커다란 악이 쌓이지 않도록 말
일세. 우리는 아름답고 우아한 것을 추적할 수 있는 재능
을 타고난 장인들을 찾아내야만 하지 않겠나? 우리 젊은
이들이 건강한 곳에서 살면서 모든 혜택을 누리도록 말일
세. 그들이 보고 듣는 모든 예술작품이 마치 좋은 곳에서 d
불어오는 건강함을 가져오는 미풍처럼 그들의 시각과 청
각에 좋은 영향을 주어, 어릴 때부터 자기도 모르는 사이
에 이 아름다운 말을 닮고, 그것과 친화하고 더불어 조화
를 이루도록 해줄 것이기 때문이네."

"우리 젊은이들을 그렇게 길러 내는 것이 최선의 방법인 것 같군요." 그가 말했네. (…)

4. 의사와 재판관의 비교를 통한 영혼 교육의 중요성 (408c–409c)

[대화자: 소크라테스, 글라우콘]

408c 〔…〕 “그런데 소크라테스 선생님, 다음과 같은 점에 대해서는 뭐라고 말씀하시겠습니까? 이 나라에는 훌륭한 의사들이 필요하지 않을까요? 건강한 사람과 병든 사람을 가장 많이 다뤄 본 사람들이 가장 훌륭한 의사인 것 같습
d 니다. 마찬가지로 재판관들도 온갖 성향의 사람들을 다뤄 본 사람들이 훌륭할 겁니다.” 그가 말했네.

그래서 내가 말했네. “그렇다네. 나는 지금 훌륭한 사람들에 대해 말하고 있네. 그런데 자네는 내가 어떤 사람들을 훌륭한 사람으로 여기는지 아는가?”

“말씀해 주신다면요.” 그가 말했네.

그래서 내가 말했네. “말해 보겠네. 하지만 자네는 하나의 질문으로 상이한 두 가지를 묻고 있네.”

“어째서입니까?”

그래서 내가 말했네. “가장 훌륭한 의사가 되려면 어릴 때부터 의술을 습득해야 할 뿐만 아니라 중병에 걸린 사람들을 최대한 많이 다뤄 보고, 자신도 온갖 병에 걸려 봐
e 야 하므로 건강한 체질을 타고나지 않아야 하네. 왜냐하

면 내 생각에, 의사들은 타인의 몸을 자신들의 몸으로 치료하는 것이 아니라(그렇다면 그들은 자신들의 건강이 나쁘거나 나빠지는 것을 용납해선 안 될 걸세), 자신들의 혼으로 몸을 치료하기 때문이라네. 병들었거나 병들어 있는 혼이 무엇을 잘 보살핀다는 것은 불가능한 일이지."

"옳은 말씀입니다." 그가 말했네.

"반면에, 재판관은 자신의 혼으로 타인의 혼을 다스리 409a
네. 그런데 어릴 때부터 사악한 혼들과 한데 어우러져 자라거나, 온갖 부정한 것을 경험하고 스스로 그것을 행하기도 하면서, 마치 의사가 다른 사람의 신체적 질병을 진단하는 것처럼 타인의 부정한 행위를 예리하게 판단하기란 혼에 있어서는 불가능하다네. 아름답고 훌륭한[31] 혼으로 정의로운 것들을 건전하게 판단하려면, 어린 시절에 악한 성향들을 경험하거나 그것에 의해 오염되지 않아야 하네. 그래서 고상한 사람들은 젊을 때는 순진해 보이며 악한 자들에게 속아 넘어가기 쉬운데, 이는 자신들 안에 악한 자들의 사악함을 알아차릴 수 있는 본[32]을 갖고 있지 않기 때문일세."

31 kalē kagathē.

32 paradeigma.

b “확실히 그들에게 일어날 수 있는 일이지요.” 그가 말했네.

“그래서 훌륭한 재판관은 젊은 사람이 아니라, 부정의의 본성을 알게 된 나이 든 사람일 수밖에 없네. 그는 부정의를 자신의 혼에 내재하는 친숙한 것으로서가 아니라 타인의 혼에 깃들어 있는 외적인 것으로 파악하고, 그것이 어떻게 본성적으로 나쁜 것인지를 스스로 경험하여 아는 것이 아니라 오랜 기간 동안 쌓아 온 지식을 통해 분간할 수 있을 것이네.” 내가 말했네.

c “그런 재판관이야말로 가장 고귀한 재판관인 것 같습니다.” 그가 말했네. 〔…〕

제4권

1. 이상국가 수호자의 행복(419a-420c)

[대화자: 소크라테스, 아데이만토스]

그때 아데이만토스가 끼어들었네. "소크라테스 선생 419a
님, 선생님께서는 이들[33]을 그다지 행복한 사람들로 만들고 있지는 않거니와, 이렇게 된 것은 그들에게 책임이 있다고 누군가 말한다면 뭐라고 변론하시겠습니까? 정작 국가는 그들의 것인데도, 그들은 국가로부터 전혀 혜택을 받지 못하기 때문입니다. 다른 사람들은 토지를 소유하고, 아름답고 커다란 집을 짓고, 그런 저택에 어울리는 가구를 사들이며, 신들에게 제물을 바치고, 손님들을 환대하며, 선생님께서 방금 말씀하신 금과 은을 비롯해 축복

33 이상국가의 수호자들을 가리킨다.

받은 사람들에게 있을 법한 모든 것을 소유하고 있습니다.
420a 반면에 수호자들은 용병처럼 시내에 죽치고 앉아서 하는 일이라고는 나라를 지키는 것이 전부라고 누군가 말할 법합니다."

그래서 내가 말했네. "그렇다네. 그뿐만 아니라 그들은 그 대가로 양식을 배급받을 뿐 남들처럼 보수를 받는 것은 아니어서 개인적으로 여행을 하거나, 애인에게 선물을 할 수도 없으며, 그 밖에 행복한 사람들로 간주되는 이들이 비용을 지불하는 그런 일들에 돈을 쓸 수도 없네. 자네는 그 밖에도 이런 것들과 유사한 많은 기소거리[34]는 남겨 뒀네."

"그러면 그것들도 기소 대상에 포함시키겠습니다."

b "자네는 이들의 기소에 대해서 우리가 어떻게 변론할지를 묻는 것인가?"

"그렇습니다."

그래서 내가 말했네. "나는 우리가 같은 길을 계속 가다 보면 그에 대한 답변을 찾게 될 거라고 생각하네. 그

34 소크라테스는 일반인이 누리는 것조차 수호자들이 누리지 못하는 것에 대해서 누군가 기소하는 상황을 가정하고 있다.

런데 수호자들이 나름대로 가장 행복한 사람들이라고 해
도 전혀 놀라운 일이 아니지만, 우리는 어쨌든 우리가 국
가를 건설하는 목적은 한 집단을 특별히 행복하게 만드
는 것이 아니라, 국가 전체를 최대한 행복하게 만드는 것
이라고 말할 걸세. 왜냐하면, 우리는 그런 국가에서 정의
를 발견할 가능성이 가장 높은 반면 가장 잘못 경영되는
국가에서는 부정의를 발견할 가능성이 가장 높고, 이 두
국가를 면밀히 살필 때 우리가 지금까지 제기했던 질문에
답변할 수 있게 될 거라고 생각하기 때문이네. 어쨌든 우 c
리는 국가 전체의 행복을 만드는 것이지, 국가에 속한 소
수들의 행복을 만드는 것은 아니라네. 〔…〕

2. 이상국가의 대외정책(421e-423b)

[대화자: 소크라테스, 아데이만토스]

〔…〕 "그렇다면 우리는 국가 안으로 슬며시 들어오지 않 421e
도록 수호자들이 모든 수단을 동원하여 막아야 하는 것들
을 발견한 것 같네."

"그것들이 무엇입니까?"

내가 말했네. "부와 가난일세. 부는 사치와 나태와 변 422a

혁을 초래하고, 가난은 변혁과 더불어 비굴함[35]과 기술의 낙후를 가져오네."

"그런 것 같습니다." 그가 말했네. "하지만 소크라테스 선생님, 한 가지 고려해야 할 점이 있습니다. 우리의 이 국가는 재원이 없는데 어떻게 전쟁을 치를 수 있습니까? 특히 크고 부유한 나라를 상대로 전쟁을 치러야 한다면 말입니다."

그래서 내가 말했네. "크고 부유한 나라 하나와 싸우는
b 것이 그런 나라 둘을 상대하는 것보다 분명히 더 어려울
걸세."

"무슨 말씀이신지요?" 그가 물었네.

"우선 우리 수호자들이 싸워야만 한다면, 그들은 잘 훈련된 전사로서 부유한 적과 싸우는 것 아니겠는가?" 내가 말했네.

"그렇습니다." 그가 말했네.

"아데이만토스, 어떤가? 자네는 잘 훈련된 권투 선수 한 명이 권투 선수도 아닌 살찐 부자 두 명을 상대로 쉽게 싸울 수 있다고 생각지 않는가?" 내가 말했네.

35 aneleutheria. 노예근성을 말한다.

"동시에 상대하기는 쉽지 않을 겁니다." 그가 말했네.

"그가 조금 물러났다가 둘 중 먼저 공격해 오는 자를 c
치는 게 가능하더라도? 또한 햇볕과 숨 막히는 더위 속에
서 그가 그런 행동을 반복한다 해도 말인가? 그런 권투
선수라면 이런 종류의 적이 여럿이라도 제압할 수 있지
않겠는가?" 내가 말했네.

"그건 물론 전혀 놀랄 일은 아닙니다." 그가 말했네.

"그나마 부자들은 전투보다 권투에 대해서 더 많은 지식과 경험을 갖고 있지 않겠나?"

"저는 그렇게 생각합니다." 그가 말했네.

"그렇다면 우리의 전사들은 자신들보다 두세 배나 많은 적들과도 전투에서 쉽게 상대할 수 있을 것이네."

"동의합니다. 선생님 말씀이 옳은 것 같으니까요." 그 d
가 말했네.

"그렇다면 이들이 두 국가 중 한 국가에 사절을 보내서 다음과 같이 제안한다면 어떻겠는가? '우리는 금과 은을 사용하지 않소. 그대들에게는 그것을 소유하는 것이 합법이지만, 우리에게는 불법이기 때문이오. 그러니 그대들은 우리 동맹군이 되어 싸우고, 다른 나라의 재물을 모두 취하시오.' 자네는 이 제안을 받은 사람이 강인하고 야윈 개 떼[36]와 한편이 되어 살찌고 연약한 양 떼[37]와 싸

우기보다 개 떼와 맞서 싸우기를 선택할 거라고 생각하는가?"

"저는 그렇게 생각하지 않습니다. 그러나 만약 다른 나라들의 재물이 한 나라에 집중되면, 부유하지 못한 우리 나라에 위협이 되지 않을까요?" 그가 말했네.

그래서 내가 말했네. "자네는 정말 순진한 사람이로군.
e 우리가 세우고 있는 것과 다른 국가가 '국가'라고 불릴 자격이 있다고 생각하다니 말일세."

"그러면 그런 나라는 뭐라고 불러야 하나요?"

"더 큰 이름으로 불러야겠지." 내가 말했네. "그런 나라는 게임에서처럼, 한 나라가 아니라 여러 나라이기 때문일세. 그런 나라는 적어도 서로 적대적인 두 나라, 즉 가
423a 난한 자들의 나라와 부자들의 나라로 이루어져 있지. 그런데 그 두 나라에는 각각 수많은 나라가 포함되어 있네. 만일 자네가 이들 나라를 하나로 여기고 접근한다면 큰 실수를 범하겠지만, 여러 나라로 보고 한 집단에 다른 집단의 재물을 비롯해 권력과 사람들을 넘겨주겠다고 제안한다면 자네는 언제나 동맹의 이득을 취하는 한편 적은

36 이상국가의 수호자들을 의미한다.

37 부유한 나라의 수호자들을 의미한다.

줄이게 될 걸세. 그리고 자네의 나라는 우리가 앞서 정한
규율대로 절제 있게 통치되는 한, 가장 강한 나라가 될 걸
세. 명성만 높은 것이 아니라, 수호자가 1천 명밖에 없다
고 해도 실제로 가장 강한 나라 말일세. 이처럼 강대한 하
나의 나라를 자네는 헬라스인들 사이에서나 비(非)헬라스 b
인들 사이에서 쉽게 발견하지 못할 걸세. 이보다 몇 배나
더 강대해 보이는 나라들은 많이 있겠지만 말일세. 자네
는 동의하지 않는가?"

"맹세코, 동의합니다." 그가 말했네.

그래서 내가 말했네. "그렇다면 이것이 우리의 통치자들에게 가장 바람직한 기준이 될 걸세. 즉 이 나라의 크기와 영토의 한계를 정하는 기준 말일세."

"그 기준은 무엇입니까?" 그가 물었네.

"내 생각에, 나라는 한 나라로 남아 있는 한도 내에서 규모를 키워야지 그 이상 확장해서는 안 되네." 내가 말했네.

3. 절제에 관하여(430e-431b)

[대화자: 소크라테스, 글라우콘]

430e 〔…〕 "어떤 의미에서 절제는 일종의 질서이며, 쾌락과 욕구의 억제일세. 이를테면 사람들은 여러 상황에서 '자기 자신을 지배한다'[38]라는 표현을 쓰고 있네. 또한 이와 유사한 다른 표현들도 있지 않은가?" 내가 말했네.

"그렇습니다." 그가 말했네.

"그러나 '자기 자신을 지배한다'라는 표현은 우습지 않은가? 자신을 지배하는 자는 자신에게 지배당하는 자이고, 자신에게 지배당하는 자가 자신을 지배하는 자가 되
431a 기 때문이네. 이 모든 표현이 가리키는 사람은 동일한 사람 아닌가."

"왜 아니겠어요."

그래서 내가 말했네. "내가 보기에, 이 표현은 개인의 혼 안에 더 나은 부분과 더 못한 부분이 있으며, 더 나은 부분이 본성적으로 더 못한 부분을 제어하면 이것이 '자

38 kreittō hautou. 문자 그대로는 '자기 자신보다 강하다'의 뜻이지만 '자기 자신을 지배하다', '자기 자신을 이기다'로 이해할 수 있다. 이후 문맥에 맞게 교차적으로 옮겼다.

기 자신을 지배한다'는 것이 되네. 어쨌든 그것은 칭찬일세. 그러나 나쁜 양육과 교제로 인해, 소수인 더 나은 부분이 다수인 열등한 부분에 의해 제압당하면 사람들은 그
런 상태에 있는 사람을 비난하면서 '자기 자신에게 진' 무 b
절제한 사람이라고 일컫네."

"정말 그런 것 같습니다." 그가 말했네.

"그렇다면 우리가 새로 건설한 나라를 들여다보게." 내가 말했네. "그러면 자네는 그곳에서 둘 중 하나의 상황을 보게 될 걸세. 만약 이 나라의 더 나은 부분이 더 못한 부분을 지배하는 것이 절제 있다고 불린다면, 자네는 우리의 나라가 '자신을 지배한다'라고 정당하게 말한 것일세."

"들어 보니 선생님 말씀이 옳습니다." 그가 말했네.

4. 국가의 정의를 찾는 방식(433b-434a)

[대화자: 소크라테스, 글라우콘]

〔…〕 그래서 내가 말했네. "그러니 여보게, 이처럼 각자 433b
가 제 일을 하는 것이 실현되는 게 정의인 것 같네. 자네는 내가 왜 그렇게 추론하는지 알겠는가?"

"아니요, 말씀해 주세요." 그가 말했네.

그래서 내가 말했네. "내 생각에 우리가 절제와 용기
와 지혜[39]를 찾아낸 뒤에 아직도 남아 있는 자질이 있다
면 그것은 이 나라에 다른 것들[40]이 생성되도록 하는 힘
을 제공하고, 일단 그것들이 생긴 뒤에는 그것들이 보존
c 될 수 있게끔 해주는 것일세. 또한 우리는 만일 이 나라에
서 다른 세 가지를 발견할 경우 남은 것은 정의일 거라고
말했었네."

"그건 필연적입니다." 그가 말했네.

그래서 내가 말했네. "그러나 이 자질들 중에서 어느
것이 나라 안에 생겨야 우리의 나라를 훌륭한 나라로 만
드는 데 가장 많이 기여하는지를 판정하기란 어려운 일일
세. 그것이 통치자들과 피치자들 간의 합의일지, 아니면
무엇을 두려워해야 하고 무엇을 두려워하지 말아야 할지
에 대한 준법적인 소신을 우리 전사들이 가져야 하는 것
일지, 아니면 통치자들의 지혜와 수호자들의 기술, 즉 수
d 호술[41]일지 말일세. 그것도 아니면 아이들과 여자들, 노예
들과 자유민들, 장인들, 통치자와 피치자 안에 반드시 생

39 phronēsis.

40 절제, 용기, 지혜를 말한다.

41 phylakē.

겨나 나라를 훌륭하게 만드는 데 가장 기여하는 것은 각자가 제 할 일을 하고 남의 일에 참견하지 않는 것인지 말일세."

"그것을 판정하기는 어렵습니다. 어찌 그렇지 않겠습니까?" 그가 말했네.

"그렇다면 나라를 훌륭하게 만드는 것과 관련해서 이 나라에 사는 사람들이 각자 제 할 일을 하게 하는 힘이야말로 나라의 지혜와 절제와 용기의 강력한 경쟁자인 것 같네."

"물론입니다." 그가 말했네.

"그러니까 나라를 훌륭하게 만드는 데 있어서 이것들과 경쟁하는 것을 자네는 정의라고 보는군."

"물론입니다."

"이 점도 생각해 보게. 자네는 법정에서 다루는 사건 e
심리를 이 나라의 통치자들에게 맡기겠나?"

"그렇습니다."

"그들이 판결을 내릴 때 각 개인들은 남의 것을 빼앗아도 안 되고 자기 것을 빼앗겨서도 안 된다는 것 이외에 다른 기준이 있는가?"

"그것 외에는 없습니다."

"그렇게 하는 것이 올바르기 때문이겠지?"

"네."

434a "그렇다면 이런 관점에서도 정의란 자기 재산을 지키고 제 할 일을 하는 것이라는 데 동의한 것이네."

"그렇습니다."〔…〕

5. 유비의 방법론 확인(434d-435a)

[대화자: 소크라테스, 글라우콘]

434d 그래서 내가 말했네. "〔…〕 이제 정의를 포함하고 있는 것 가운데 규모가 큰 것에서 먼저 정의를 발견한다면, 개인에 있어서도 정의가 무엇인지 쉽게 알아낼 수 있을 거

e 라는 생각으로 시도한 이 고찰을 마무리해 보세나. 우리는 규모가 큰 것을 국가라고 여기고서 이상국가를 세우기 시작했네. 이는 훌륭한 국가에 정의가 있을 것이라고 확신했기 때문일세. 그러므로 이제 우리가 그곳에서 발견한 것들을 개인에게 적용해 보도록 하세. 만약 그 둘이 정확히 일치한다면, 그것은 잘된 일이네. 그러나 개인에게서 뭔가 다른 것이 발견된다면, 그때는 국가로 되돌아가서

435a 그것을 다시 시험해 볼 걸세. 우리는 이 둘을 나란히 비교하면서, 마치 점화용 나무토막을 마찰시키면 불꽃이 일어

나듯이 정의가 나타나면 우리는 그것을 확신할 수 있게 될 걸세."

"선생님의 말씀이 옳으니, 그대로 따르겠습니다." 그가 말했네. 〔…〕

6. 유비의 전체-부분 법칙(435d-436a)

[대화자: 소크라테스, 글라우콘]

〔…〕 그래서 내가 말했네. "우리는 국가에 있는 것들과 435d
똑같은 요소와 성향이 각자 안에 있다는 것에 동의해야만 e
하겠지? 국가에 있는 것들이 국가가 아닌 다른 곳에서 유
래한 것은 아닐 테니까. 만약 나라 안에서 발견되는 기개
가 트라케인들과 스키타이족 그리고 북방 민족들의 평판
을 생기게 한 그 나라 시민 개개인의 성향에서 유래한 것
이 아니라고 생각하는 것은 우스운 일이 될 테니까. 특히
우리 지역에 기원을 두고 있다고 주장할 법한 학문을 좋아 436a
하는 성향이나 포이니케인들과 이집트인들에게서 나타나
는 재물을 사랑하는 기질도 그 점에서는 마찬가지일세."

"저도 그렇게 생각합니다." 그가 말했네. 〔…〕

7. 영혼삼분설(439d-440b, 440e-441a)

[대화자: 소크라테스, 글라우콘]

439d 〔…〕 내가 말했네. "우리가 이 두 부분을 서로 다른 것으로 보고, 혼에서 합리적인 사고를 하는 것을 이성적인 부분이라고 부르고, 사랑과 허기, 갈증과 그 밖의 다른 욕구가 일어나도록 하는 것을 비이성적이며 욕구적인 부분이라고 불러도 결코 무리한 주장은 아닐세."

"당연한 말씀입니다." 그가 말했네.

e 〔…〕 그래서 내가 말했네. "언젠가 나는 이야기 하나를 들은 적이 있는데, 그 내용은 이렇다네. 아글라이온의 아들 레온티오스가 북쪽 성벽 바깥쪽 길을 따라 페이라이에
440a 우스에서 시내로 들어가다가 사형집행인 옆에 시신들이 놓여 있는 것을 보고서, 한편으론 시신을 보고 싶기도 하고 다른 한편으로는 역겨움을 느끼고는 그곳을 벗어나려고 했네.[42] 그래서 한동안 자기 자신과 싸우며 얼굴을 가

42 시신을 보고 싶지 않은 것은 범죄자의 시신을 보는 것이 불경스럽다고 여겼기 때문이며, 시신을 보고 싶은 것은 범죄자의 불행한 최후를 보고 싶은 욕구가 있었기 때문이다.

리고 있다가 결국 욕구에 제압되어 두 눈을 부릅뜨고 시신들이 있는 곳으로 달려가서 '이 고약한 것들[43]아, 이제 이 좋은 것을 질리게 보려무나!'라고 소리쳤네."

"저도 그 이야기를 들었습니다." 그가 말했네.

"이 이야기는 분노가 욕구와 별개의 것이며, 때로는 욕구에 맞서 싸운다는 것을 보여 준다네." 내가 말했네.

"네, 그렇습니다." 그가 말했네.

그래서 내가 말했네. "우리는 이러한 것을 다른 곳에서
도 무수히 볼 수 있지 않은가? 가령 욕구가 이성에 반하 b
는 행동을 하도록 강요할 때, 그 사람은 자신을 꾸짖으며,
자신 안에 있는 강요하는 부분에 대해서 분개하는데, 그
것은 마치 당파가 갈라져 분쟁을 할 때 기개와 이성이 동
맹을 맺어 욕구와 싸우는 것과도 같네. 그러나 기개와 욕
구가 협력하여 이성의 명령에 거역하는 것은 자네도 느낀
적이 없을 것이고, 다른 사람에게도 결코 일어나지 않는다
고 말할 것으로 생각하네."

"맹세코, 그런 일은 일어나지 않습니다." 그가 말했네.

43 '자신의 두 눈'을 가리킨다.

440e “기개와 관련해서 이전에 우리가 말한 것과는 정반대의 결론에 이르게 되었네. 전에 우리는 기개를 욕구적인 것이라고 생각했었는데, 지금은 혼 안에서 내분이 일어나면 기개가 이성의 편에서 무기를 드는 것 같다고 말하고 있기 때문이네.”

“전적으로 그렇습니다.” 그가 말했네.

“그렇다면 기개는 이성적인 부분과도 다른 것인가? 아니면 그것은 이성적인 부분의 일종이어서 결국 혼 안에는 세 부분이 아니라 이성과 욕구 두 부분만 존재하는가?
441a 아니면 나라에 세 계층, 즉 돈벌이하는 계층, 보조자 계층, 그리고 숙의하는 계층이 존재하듯이, 혼에서도 나쁜 양육 때문에 타락하지 않는 한, 본성적으로 이성을 보조하는 세 번째 부분인 기개가 있지 않겠나?”

“당연히 세 번째 부분이 있을 것입니다.” 그가 말했네.

〔…〕

8. 개인의 정의에 관한 최종 결론(442d-444a)

[대화자: 소크라테스, 글라우콘]

(…) 내가 말했네. "만일 우리 혼 안에 조금이라도 의심[44] 442d
이 남아 있다면, 우리는 일상적인 삶에 비추어봄으로써 e
완벽한 확신에 이를 수 있을 것이네."

"어떤 삶을 말하시나요?"

"예컨대 본성적으로 우리의 나라와 닮았을 뿐 아니라
그렇게 양육된 사람이 만일 금이나 은을 맡게 되었을 때,
그가 과연 그것을 착복할 것 같은지에 대해서 우리가 합 443a
의를 해야 한다고 가정해 보세. 그런 사람이 다른 이들보
다 그런 짓을 저지를 가능성이 더 높다고 믿는 사람이 있
다고 생각하는가?"

"그렇게 믿을 사람은 아무도 없을 것입니다." 그가 말했네.

"그런 사람은 신전을 털거나 남의 것을 훔치거나, 사적으로는 친구를, 공적으로는 국가를 배신하는 행위와도 거리가 멀지 않겠나?"

"그렇습니다."

44 앞에서 정의는 이성이 기개와 욕구를 지배하는 것으로 드러났는데, 이와 관련해서 생길 수 있는 의심을 의미한다.

"그는 또한 맹세나 그 밖의 다른 합의들과 관련해서도 신의를 지킬 것이네."

"정말로 그렇습니다."

"또한 간통이라든가 불효라든가 신들에 대한 불경 등과는 거리가 멀고 그것은 다른 사람들에게나 어울리는 것이네."

"그렇습니다." 그가 말했네.

b "그러니 이 모든 것의 원인은, 지배 또는 피지배와 관
련해서, 그런 사람의 안에 있는 부분들 각각이 모두 제 할
일을 하는 데 있지 않겠나?"

"그것 외에 다른 것은 없습니다." 그가 말했네.

"그런데도 자네는 아직도 정의를 이와 같은 사람들이나 나라들을 생기게 하는 그런 힘이 아닌 다른 것이라고 보는가?"

"맹세코, 그렇지 않습니다." 그가 말했네.

"그렇다면 우리의 꿈은 완전히 이루어졌네. 우리가 이
c 국가를 건설하기 시작하자마자 신의 도움으로 정의의 기
원과 모델에 이르려고 했던 것 말일세."

"전적으로 그러합니다."

"그렇다면 글라우콘, 위에서 말한 정의의 기원과 모델은 곧 정의의 형상[45]이었고 그것이 형상이었기 때문에 유

용한 것이네. 제화공은 구두 만드는 일을 하면서 다른 일
은 하지 않아야 하고, 목수는 목수 일만 해야 하며, 그 밖
의 다른 사람들도 그렇게 하는 것이 옳다는 것이네."

"그런 것 같습니다."

"정의가 분명 그런 것이라 해도 그것은 누군가의 외적 d
인 행위가 아니라, 그의 내적인 행위와 진정한 자아, 즉
자신의 진정한 행위와 관련된 것일세. 그는 자기 영혼의
각 부분이 남의 일을 하지 못하도록, 혼의 각 부분이 서로
참견하지 못하게 하여, 진정한 의미에서 자신의 것들을
잘 조절하고, 질서를 유지하며, 자신과도 조화롭게 지내
네. 그리하여 그는 자기 영혼의 세 부분을 마치 음계에서
최고음·최저음·중간음을 조화롭게 결합하는 것처럼 조
화를 이루어 절제 있는 자가 되네.

이런 상태가 되고 나서야 그는 돈 버는 일이나 몸을 돌 e
보는 일, 또는 정치나 개인적인 계약에 관련된 일 같은 행
동을 할 걸세. 이 모든 행위들 중에서 이런 품성 상태를
유지시키고 그렇게 되도록 도와주는 행위를 정의롭고 훌
륭한 행위라고 부르고, 이런 행위를 통제하는 지식을 지

45 eidōlon.

444a 혜[46]로 생각하고 그렇게 부르네. 반면 이런 상태를 깨뜨리는 것을 부정한 행위라고 하고, 그런 행위를 이끈 의견[47]을 무지[48]라고 부를 것이네."

"소크라테스 선생님, 전적으로 옳은 말씀이십니다." 그가 말했네.

"좋네. 그렇다면 우리가 정의로운 사람과 정의로운 국가를 찾아냈고, 이들 안에 있는 정의가 무엇인지를 밝혀냈다고 주장하더라도 조금이라도 잘못된 의견이라고 생각지는 않겠지." 내가 말했네.

"제우스에 맹세코, 아닙니다." 그가 말했네. (…)

46 epistēmē. '앎', '지식'을 의미한다.

47 doxa. '판단', '견해' 등을 의미한다.

48 amathia. '모름', '배우지 못함'을 의미한다.

제5권

1. 수호자의 남녀평등(455d-456b)

[대화자: 소크라테스, 글라우콘]

〔…〕"그렇다면 여보게, 국정 운영과 관련된 일들 가운데 455d
여자이기 때문에 혹은 남자이기 때문에 맡겨진 일은 없네. 오히려 본성은 양성에 고르게 흩어져 있어서, 여자들도 성향에 따라 남자들과 마찬가지로 모든 업무에 관여하네. 비록 모든 일에서 남자들보다 약하긴 하지만 말일세." e

"물론입니다."

"그래서 우리는 모든 것을 남자들에게 맡기고, 여자에게는 아무것도 맡겨서는 안 된다는 말인가?"

"어찌 그럴 수 있겠습니까?"

"그렇지. 여자 중에도 성향상 의술에 능한 사람이 있는 반면 그렇지 않은 사람이 있고, 한 여자는 시가에 소질이 있지만 다른 여자는 그렇지 않다고 말할 테니 말일세."

"그렇습니다."

456a "그렇다면 한 여자는 체력단련과 전투에 능한 반면, 다른 여자는 전투에 능하지 않고 체력단련도 싫어하지 않겠는가?"

"저는 그렇게 생각합니다."

"어떤가? 한 여자는 지혜를 사랑하는데 다른 여자는 지혜를 사랑하지 않고, 한 여자는 기개가 높은데 다른 여자는 기개가 부족할 수도 있지 않겠나?"

"역시 그러합니다."

"그렇다면 수호자로 적합한 여자도 있고 그렇지 못한 여자도 있을 것이네. 그런데 우리는 남자 수호자들도 이런 성향을 보고 선발하지 않았나?"

"물론입니다."

"그렇다면 나라의 수호와 관련해서는 여자와 남자의 본성은 동일하네. 일반적으로 여자는 더 약하고 남자는 더 강하다는 것 외에는 말일세."

"그런 것 같습니다."

"따라서 우리는 그런 성향의 여자들을 뽑아 그런 성향의 남자들과 동거하며 수호자가 맡은 임무를 함께 수행하
b 도록 해야 하네. 그런 여자들은 그럴 능력이 있고, 성향상 그런 남자들과 같은 부류이니 말일세."

"물론입니다."

"또한 같은 본성에는 같은 일이 맡겨져야 하지 않을까?"

"그렇습니다."

"그렇다면 우리는 이전 주장으로 되돌아가서, 수호자들의 아내들에게 시가 교육과 체육 교육을 받도록 하는 것이 자연에 어긋나지 않는다는 데 동의하고 있는 걸세."

"전적으로 그렇습니다."

2. 처자 공유 및 재산의 공동 소유(457b-e, 464b-d)

[대화자: 소크라테스, 글라우콘]

〔…〕"그러면 우리는 남자 수호자들과 여자 수호자들이 457b
모든 업무를 공동으로 수행하는 것으로 결정함으로써 첫
번째 파도[49]에 휩쓸리지 않게 됐고 그것[50]이 가능하고 유 c
익하다고 주장함으로써 일관성 있는 주장을 하게 됐다고
말할 수 있겠지?"

49 글라우콘은 로고폴리스가 당시의 관행과 달리 수호자 집단에 여성을 포함시키는 것을 문제 삼는데, 소크라테스는 이를 자신이 넘어야 할 첫 번째 파도로 간주한다.

50 남녀 구분 없이 수호자의 역할이 부여되는 것을 의미한다.

"정말이지 작은 파도를 피한 것이 아닙니다." 그가 말했네.

"하지만 자네가 다음 파도를 보면, 이걸 큰 파도라고 말하지는 않을 걸세." 내가 말했네.

"그 다음 파도가 무엇인지 말해 주십시오." 그가 말했네.

"이것[51]에 뒤따르는 그리고 이것에 앞선 법은 이런 것이네." 내가 말했네.

"그게 무엇입니까?"

d "수호자들은 모든 남자가 모든 여자를 공유하게 되어 있고, 어떤 여자도 남자와 사적으로 살림을 차리지 못하도록 하는 것이네. 마찬가지로 아이들도 공유하게 되어 있어서, 부모는 자기 자식을 알지 못하고, 아이도 자기 부모를 알지 못한다네."

"그것이 가능한지와 유익한지에 대한 의심이라는 면에서 이번 파도가 첫 번째 파도보다 훨씬 큽니다." 그가 말했네.

그래서 내가 말했네. "나는 이 제안이 유용하다는 데 대해서 어느 누구도 이의를 제기할 거라고는 생각하지 않

51 남녀 수호자의 평등을 의미한다.

네. 가능하다면 처자를 공유하는 것이 최선책이라는 것을
부인할 사람은 없을 테니까. 그러나 나는 이 제안의 실현
가능성과 관련해서는 수많은 논쟁이 벌어질 거라고 생각
하네."

"두 가지가 다 수많은 논쟁을 야기할 것입니다." 그가 e
말했네. 〔…〕

〔…〕 "또한 우리는 다음과 같은 것들에 대해서도 의견 464b
의 일치를 보았네. 우리는 앞서 수호자들이 자신의 역할
을 제대로 하려면, 집이나 땅이나 그 밖의 다른 재산을 c
사적으로 소유해서는 안 되며, 다만 다른 시민들로부터
수호에 대한 사례를 받아서 공동으로 소비해야 한다고
말한 바 있네."

"옳은 말씀입니다." 그가 말했네.

"그렇다면 내 말대로, 우리가 앞서 합의한 조치들에 지
금 말한 조치들을 더하면, 그들을 더욱 진정한 수호자로
만들어 주지 않겠나? 이들은 사적인 것이 아닌 공동의 것
을 모두 '내 것'이라고 간주함으로써 나라가 분열되는 것
을 막을 수 있지 않겠는가? 그렇게 되면 수호자들이 각자 d
자신이 획득할 수 있는 것들을 자신만의 집으로 갖고 가
거나, 각자 처자를 소유하여 사사로이 기쁨과 고통을 느

끼는 것도 막을 수 있지 않겠는가? 그렇게 되면 우리의 수호자들은 모두 '자기 것'에 대한 동일한 견해를 갖고서, 고통이나 즐거움과 관련해서 공감을 최대한 유지하게 될 걸세."

"확실히 그렇습니다." 그가 말했네. (…)

3. 정전론(469b-471b)

[대화자: 소크라테스, 글라우콘]

469b (…) "적에 대해서는 어떤가? 우리 군인들은 적들을 어떻게 대하겠는가?"

"어떤 점에서 말씀입니까?"

"먼저 노예로 삼는 것과 관련하여, 자네는 헬라스 국가들이 헬라스인들을 노예로 삼는 것을 옳다고 생각하는가? 아니면 될 수 있는 한 헬라스인들은 다른 국가가 그
c 렇게 하는 것을 막고, 이민족의 노예가 되는 것을 막기 위해서 헬라스 종족에게는 관대하게 대하는 것을 관습으로 삼아야 한다고 생각하는가?"

"관대하게 대하는 것이 훨씬 낫습니다." 그가 말했네.

"이들[52]은 헬라스인을 노예로 삼지 않을 것이며, 다른

헬라스인들에게도 그렇게 하도록 조언하겠지?"

"물론입니다. 그러면 이들은 이민족들 쪽으로 방향을 돌릴지언정, 자기들끼리 다투는 일은 삼갈 겁니다." 그가 말했네.

"어떤가?" 내가 말했네. "전투에서 이겼을 때 전사자들에게서 무구(武具) 외에 다른 것을 벗겨서 가져가는 것이 좋은 관습일까? 아니면 그런 것은 적에게 맞서지 않을 핑곗거리를 비겁한 자들에게 주는 것이 아닐까? 그들은 시신 d
주변을 어슬렁거리면서 마치 자신들이 뭔가 필요한 일을 하고 있는 것처럼 말일세. 이런 약탈 관행으로 인해 이미 많은 군대가 파멸을 맞지 않았는가?"

"정말 그렇습니다."

"시신을 노략질하는 것은 비굴하고 돈을 밝히는 짓이네. 적군은 이미 죽어서 무기를 사용할 수 없는데, 여전히 그 시신을 적으로 대하는 것은 남자답지 못하고 속 좁은 짓이라고 생각하지 않는가? 자네는 이런 짓을 하는 자들 e
이, 돌을 던진 사람이 아니라 던져진 돌에 화를 내는 개들과 다르다고 생각하는가?"

52 이상국가의 수호자들을 의미한다.

"조금도 다르지 않습니다." 그가 말했네.

"그렇다면 우리는 시신을 노략질하는 것과 적이 동료들의 시신을 수습해 가지 못하도록 방해하는 것을 그만둬야 하네."

"맹세코, 그만둬야 합니다."

"또한 우리는 적군의 무구, 특히 헬라스인들의 무구를 신전에 바치기 위해 가져가는 일이 없어야 할 것이네. 만약 우리가 다른 헬라스인들과의 선린외교를 조금이라도
470a 고려한다면 말일세. 오히려 우리는 동족에게서 빼앗은 무구를 봉헌하는 것이 신전을 더럽히는 일이 아닐까 두려워해야 하네. 신께서 다른 말씀을 하시지 않는 한 말일세."

"옳은 말씀입니다." 그가 말했네.

"헬라스 땅을 유린하고 가옥을 불사르는 것은 어떤가? 자네의 군인들은 적군을 어떻게 대할 것으로 생각하는가?"

"이 문제에 대한 선생님의 생각을 말씀해 주시면 기꺼이 듣겠습니다." 그가 말했네.

b 그래서 내가 말했네. "내 생각에, 그들은 이런 짓을 삼가고, 그해의 수확물만 가져갈 것 같네. 무엇 때문인지도 설명해 주기를 원하는가?"

"물론입니다."

"내가 보기에, '전쟁'과 '내분'은 이름이 각기 다른 것처

럼 실제로 서로 다른 두 개의 분쟁[53]을 말하네. 하나는 동족 또는 친족끼리의 분쟁이고, 다른 하나는 남남인 이민족과의 분쟁일세. 그중 동족끼리의 분쟁은 '내분'이라 부르고, 외국과의 분쟁은 '전쟁'이라고 부르네."

"선생님의 말씀은 사리에 맞습니다." 그가 말했네.

"그러면 이 말도 사리에 맞는지 보게나. 헬라스인들은 c
자기들끼리는 친족이고 동족이지만, 비헬라스인들에게는
이민족이고 남이라는 얘기 말일세."

"맞는 말씀이십니다." 그가 말했네.

"그렇다면 헬라스인들이 이민족들과 싸운다면, 우리는
그들이 본성적으로 적인 사람들과 전쟁을 벌이고 있다고
말하고, 그러한 적대 행위를 '전쟁'이라 불러야 한다고 주
장할 것이네. 반면 헬라스인들이 헬라스인들과 싸운다면,
우리는 그들과 본성적으로 친구이지만 헬라스가 병들어
내적 분쟁을 일으키고 있으며, 그런 적대 행위를 '내란'이 d
라 불러야 한다고 주장할 것이네."

"저도 선생님 생각에 동의합니다." 그가 말했네.

그래서 내가 말했네. "그러면 다음을 고려해 보게. 지금

53 diaphora. 불화.

우리가 내분이라고 합의한 사태가 어디에선가 발생해서 나라가 분열되어, 어느 한쪽이 다른 쪽의 농지를 유린하고 가옥을 불사른다면, 이 내분은 가증스러운 것이며 어느 쪽도 애국심이 없는 것으로 여겨질 것이네. 그렇지 않다면 그들은 결코 자신들을 길러준 보모와 어머니를 유
e 린하지 않을 테니 말일세. 그러나 승자가 패자의 농작물만 빼앗고, 항상 전쟁을 벌일 생각만 하는 것이 아니라 언젠가 화해할 생각을 하는 것은 적도(適度)[54]로 여겨질 것일세."

471a 〔…〕 "그들은 헬라스인들이기 때문에 헬라스 땅을 유린하지도 않고 가옥들을 불태우지도 않을 걸세. 그들은 또
b 한 남자건 여자건 아이들이건 각 나라의 주민 전체를 적으로 보는 것이 아니라, 항상 분쟁에 책임이 있는 소수만 적으로 간주할 것이네. 따라서 그들은 많은 이들을 친구로 두고 있기 때문에 그들의 농토를 유린하거나 가옥을 파괴하지는 않을 것이네. 다만, 불화에 책임있는 이들이 불화에 책임이 없음에도 고통받는 이들에 의해서 처벌받을 때까지만 분쟁을 지속하네."

54 to metrion. '적절한(알맞은) 정도'를 말한다.

"저는 우리 시민들이 적대적인 국가의 시민들에 대해서 이런 식으로 행동해야 한다는 데 동의합니다. 하지만 이민족들에 대해서는 오늘날 헬라스인들이 서로를 대하듯 해야만 할 것입니다." 그가 말했네.

4. 실현 가능성과 이상국가의 설립 목적(472c-473b)

[대화자: 소크라테스, 글라우콘]

〔…〕 그래서 내가 말했네. "우리는 정의가 그것 자체로 472c
어떤 것인지, 완벽하게 정의로운 사람은 과연 존재할 수 있는지, 그리고 그런 사람이 있다면 그는 어떤 사람인지를 검토했고, 이어서 부정의와 가장 부정의한 자에 대해서 검토했는데 목적은 본을 얻기 위해서였네. 우리는 이 d
들[55]이 얼마나 행복해 보이는지, 아니면 얼마나 불행해 보이는지를 유심히 관찰함으로써 우리 중 그들과 가장 닮은 사람이 그들과 가장 닮은 행복과 불행을 누리게 될 것이라는 데 동의할 수밖에 없을 걸세. 그런데 우리의 궁극적

55 가장 정의로운 자와 가장 부정의한 자를 말한다.

인 목적은 이런 본들이 실현될 수 있다는 것을 입증하는 것은 결코 아니었네."

"옳은 말씀입니다." 그가 말했네.

"가령 어떤 화가가 가장 아름다운 인간의 본을 그리고 거기에 맞게 모든 부분을 완벽하게 묘사한다면, 그가 묘사한 인물이 실제로 생겨날 가능성을 증명하지 못했다고 해서 자네는 그가 덜 훌륭한 화가라고 생각하는가?"

"맹세코, 저는 그렇게 생각하지 않습니다." 그가 대답했네.

"어떤가? 우리 역시 이상국가[56]의 본을 말(논의)로써 만들고 있다고 말하지 않았던가?"

e "물론입니다."

"그렇다면 우리가 말한 그대로 국가를 건설할 수 있다는 것을 보여 줄 수 없다고 해서 자네는 우리가 제대로 논의하지 못했다고 생각하는가?"

"결코 그렇지 않습니다." 그가 말했네.

"그렇다면 그건 엄연한 사실일세. 하지만 만약 내가 자네를 위해 어떻게 그리고 어떤 조건에서 그런 국가가 실

56 제2권부터 제4권까지 논했던 '훌륭한 나라(agathē polis)'를 의미한다.

현될 가능성이 가장 높은지를 입증해야만 한다면, 그것을 입증하기 위해서 이번에도 똑같이 나에게 동의해 주게." 내가 말했네.

"어떤 것들을 말인가요?"

"어떤 것이든 말한 대로 실천될 수 있는지, 아니면 실 473a
천은 본질적으로 말보다 진실에 덜 근접하는지 말일세.
물론 어떤 이에겐 그렇게 보이지 않을 걸세. 하지만 자네
는 이에 동의하는가 아닌가?"

"저는 동의합니다." 그가 말했네.

"그렇다면 자네는 나에게 우리가 말(논의)로 상세히 서
술한 것들이 현실에서도 완전히 실현될 수 있다는 것을
보여 달라고 강요하지 말게나. 그보다는 오히려 만약 한
국가가 우리가 기술한 것과 가장 가까운 방법으로 다스려
질 수 있는 조건들을 발견할 수 있다면, 이로써 자네가 요
구한 그러한 것들이 실현될 가능성을 찾아낸 것으로 인정
해 주게나. 이런 식으로 한다면 자네는 그것으로 만족하 b
지 않을 텐가? 나로서는 만족할 것 같네만."

"저도 만족합니다." 그가 말했네. (…)

5. 철인왕의 필요성(473d-e)

[대화자: 소크라테스, 글라우콘]

473d 내가 말했네. "철학자[57]들이 왕이 되거나, 아니면 현재
왕 또는 권력자로 불리는 자들이 진정으로 그리고 충분히
철학을 하지 않는 한, 즉 정치권력과 철학[58]이 하나로 결
합하여, 지금처럼 둘 중 어느 한쪽만을 추구하는 여러 자
질들이 더 이상 그렇게 하지 못하도록 강제로 제지당하기
전에는, 여보게 글라우콘, 국가들에 있어서, 아니 인류 전
체에 있어서 악의 종식은 없을 것이네. 그러기 전에는 우
리가 지금껏 말로써 밝혀 온 정체가 충분히 성숙하거나
빛을 볼 가능성이 전혀 없네. 이것이 아까부터 내가 말하
e 기를 꺼려했던 이유일세. 그것이 얼마나 역설적으로 들릴
거라는 걸 잘 알고 있네. 이 나라 외에 다른 나라에서는
누구도 개인적으로나 국가적으로나 행복을 얻지 못하리
라는 것을 깨닫기란 어려운 일이니 말일세." (…)

57 ho philosophos. 문맥에 따라 '철학자' 또는 '철인(哲人)'으로 옮겼다.

58 philosophia. 지혜에 대한 사랑.

6. 철학자의 정의(定義)(475b-e)

[대화자: 소크라테스, 글라우콘]

(…) "우리는 철학자가 지혜를 욕구하는 사람으로서, 지 475b
혜의 일부만이 아니라, 모든 지혜를 욕구하는 자라고 주장하지 않겠는가?"

"정말 그렇습니다."

"그렇다면 학문에 관하여 편협한 사람, 특히 젊어서 무 c
엇이 유익하고 무엇이 유익하지 않은지 판단할 수 없을 때에, 우리는 그런 사람을 두고 배우기를 좋아하는 사람 또는 지혜를 사랑하는 사람이라고 하지 않을 것이네. 마치 음식을 가리는 사람을 허기져 있다거나 음식에 대한 욕구가 없다고 하지 않고, 음식을 좋아하지 않거나 식욕 자체가 부진하다고 말하는 것처럼 말일세."

"우리는 옳게 말하고 있습니다."

"반면 모든 학문을 진심으로 음미하기를 원하고, 배우기를 즐기며, 배움에 질리지 않는 사람을 우리는 지혜를 사랑하는 사람이라 부를 것이네. 그렇지 않은가?"

그러자 글라우콘이 말했네. "그러면 수많은 이상한 사 d
람들이 선생님께서 말하는 그런 사람들[59]에 포함될 텐데요. 가령, 구경하기 좋아하는 사람들도 배움을 즐기므로 지혜를 사랑하는 사람들이라고 생각합니다. 또한 듣기를 좋아하는 사람들을 지혜를 사랑하는 사람들에 포함시켜야 하는데 그건 가장 이상합니다. 그들은 철학적 논의나 활동에는 자발적으로 참여하려 하지 않고, 대신 디오니소스 축제에는 그것이 시내에서 개최되든 시골에서 개최되든 마치 자신의 귀를 세라도 준 것처럼 모든 합창가무를
e 듣기 위해 찾아다니니까요. 이들 모두, 그리고 이런 종류의 것들을 배우기에 열심인 사람들과 소소한 기술을 배우는 사람들도 모두 지혜를 사랑하는 사람들이라고 말씀하실 건가요?"

"결코 아닐세! 대신 우리는 그들이 지혜를 사랑하는 사람들을 닮았다고 말할 걸세." 내가 말했네.

"그러면, 선생님께서 보시기에는 어떤 사람들이 진정한 철학자들인가요?"

"진리를 구경하기 좋아하는 사람들일세." (…)

59 앞에서 얘기한 '지혜를 욕구하는 자'들을 의미한다.

[제6권]

1. 철학자에 대한 편견과 배의 비유(487b-489a)

[대화자: 소크라테스, 아데이만토스]

이때 아데이만토스가 말했네. "소크라테스 선생님, 선 487b
생님께서 말씀하신 것에 누구도 반론을 제기할 수 없을
겁니다. 하지만 선생님께서 말씀하시는 것을 들을 때마다
사람들은 이렇게 말할 겁니다. 자신들이 문답법에 익숙하
지 않아서, 질문을 받을 때마다 논의에서 조금씩 빗나간
결과, 토론이 끝날 무렵에는 그것들이 모여 큰 잘못으로
나타나고, 처음에 주장했던 것과 반대 입장에 놓이게 되는
것 같다고 말입니다.

마치 장기에 능숙하지 않은 사람이 고수에게 말려들어 c
어떤 장기말을 옮겨야 할지 모르게 되듯이, 그들도 장기
말이 아니라 말(言)로 하는 장기에서, 무슨 말을 해야 할지
모르는 상태에 이르게 된다는 겁니다. 왜냐하면 진실은

결코 선생님이 말하는 방식으로 밝혀질 수 없다고 그들
은 생각하니까요. 저는 지금 우리의 상황에 대해서 말씀
을 드리는 겁니다. 누군가 선생님께 다음과 같이 말할 수
있을 겁니다. 자기는 각각의 질문에 말로써 반박할 수 없
지만, 실제로는 젊어서 교양을 쌓기 위해서 철학을 시작
했다가 그만두지 않고 철학에 더 오래 머무르는 사람들
이 있는데, 그들 대다수는 완전한 악당은 아니더라도 아
d 주 이상한 사람이 되는 것을 목격한다고 말입니다. 또한
그 가운데 가장 훌륭하다고 여겨지던 사람들조차도 선생
님께서 찬양하시는 그 일[60]로 인해 나라에는 전혀 쓸모없
는 인간들이 되고 만다는 겁니다."

그의 말을 듣고 나서 내가 말했네. "자네는 그렇게 말
하는 사람들이 거짓말을 한다고 생각하는가?"

"저는 모르겠습니다. 그렇지만 선생님께서 어떻게 생
각하시는지 듣고 싶습니다." 그가 말했네.

"나는 그들의 말이 사실이라고 말하겠네."

e 그러자 그가 물었네. "그렇다면 철학자들이 나라에 쓸
모없는 인간들이라고 한다면, 철학자들이 통치를 하기 전

60 '철학하는 것'을 의미한다.

에는 그 나라들에서 악을 제거할 수 없을 거라는 선생님 말씀이 어떻게 옳을 수 있습니까?"

그래서 내가 대답했네. "자네의 질문은 비유를 통해 대답해야겠네."

"정말입니까? 선생님은 특히 비유를 통해 설명하는 것에 익숙하지 않다고 생각했습니다만." 그가 말했네.

"글쎄, 나로 하여금 이렇게 증명하기 힘든 논의에 이르
게 해놓고 나를 놀리는군. 어쨌든 내 비유를 들어보게. 그 488a
러면 자네는 내가 비유를 얼마나 열심히 하려고 하는지
더 잘 알게 될 걸세. 사실 가장 훌륭한 교육을 받은 사람
들은 그들 나라에서 비견될 만한 것이 없을 정도로 어려
운 처지에 놓여 있다네. 그들의 처지를 비유하고 변호하
려면, 마치 화가들이 혼합하는 방식을 통해서 '산양-사슴'
이나 그런 유의 것들을 묘사하듯, 여러 가지 것을 끌어 모
아야만 하네. 그러면 여러 척 또는 한 척의 배 위에서 다
음과 같은 일이 벌어지고 있다고 가정해 보게. 선주는 배 b
에 타고 있는 어느 누구보다 키가 크고 힘이 세지만, 청력
과 시력이 약한 편이며 항해술에 관한 지식도 평범한 수
준이네. 상황이 이렇자 선원들은 자기가 키를 잡아야 한
다고 생각하고는 키잡이를 맡으려고 서로 다투고 있네.
일찍이 그와 관련된 기술을 배운 적도 없고, 자기들에게

그 기술을 가르쳐 준 스승의 이름을 댈 수도 없으며, 언제 배웠는지 그 시기조차 입증할 수도 없으면서 말일세. 게다가 이들은 이 기술은 가르칠 수 있는 것이 아니라고 주장하면서, 그것을 가르칠 수 있는 것이라고 말하는 자가 있으면 그를 요절 내려고 한다네.

c 그리고 그들은 선주를 둘러싸고는 자신들에게 키를 맡겨 달라고 간청하며 키를 넘겨 받기 위해 모든 일을 꾸민다네. 자신들이 선주를 설득하는 데 실패하고 다른 이들이 성공하면, 그들을 죽여 버리거나 배 밖으로 던져 버리네. 그리고 선량한 선주에게 약을 먹이거나 술에 취하게 하거나 그 밖의 다른 방법을 동원해 혼미하게 한 다음, 배를 장악하고 배 안에 있는 것들을 마음대로 사용하고, 으레 사람들이 예상하듯이 흥청망청 먹고 마시네.

d 게다가 그들은 선주를 설득하거나 강제하여 자기들이 지배권을 장악할 때 도움을 준 사람에 대해서 항해술 또는 조타술에 능한 사람이라거나 배에 관해 지식이 풍부한 사람이라고 칭찬하지만, 그 밖의 사람들에 대해서는 쓸모없는 자들이라고 비난하네. 그들은 키잡이가 배를 지휘할 수 있으려면 해(年), 계절, 하늘, 별, 바람뿐 아니라 이 기술에 적합한 모든 것에 주의를 기울여야 한다는 사실조차 알지 못한다네. 또한 배를 어떻게 조정할 것이냐의 문제는

선장의 기술과 더불어 습득될 수 있는 것이며, 사람들이 e
그를 원하느냐 원하지 않느냐와 무관하다는 것을 생각하지 못하네. 이런 일들이 배에서 일어나고 있다면, 그 배에 타고 있는 선원들은 진정한 키잡이를 천체관측자라든가, 쓸데없는 얘기를 늘어놓는 사람이라든가, 쓸모없는 사람 489a
으로 취급할 거라고 생각하지 않겠는가?" (…)

2. 철학자에 대한 대중의 반감(492a-d)

[대화자: 소크라테스, 아데이만토스]

"우리가 규정한 철학자의 성향은 적절한 교육을 받으 492a
면 필연적으로 성장하여 모든 면에서 덕에 이르지만, 만약 적절하지 않는 곳에 씨가 심어져 양육되면 신이 구원해 주지 않는 한, 정반대되는 현상에 이를 거라고 나는 생각하네. 대중이 그렇게 믿는 것처럼 자네도 어떤 젊은이들은 소피스트들 때문에 타락했다고 믿으며, 또한 언급할 가치가 있을 정도로 젊은이들을 사적으로 타락시킨 소피스트들이 있다고 믿는가? 사실은 그렇게 말하는 사람들 b
이야말로 최악의 소피스트들이어서 남녀노소를 교육하여 완벽하게 자신들이 원하는 사람들로 만드는 것이 아닐까?"

"그들이 언제 그렇게 한다는 건가요?" 그가 물었네.

그래서 내가 대답했네. "그들이 민회, 법정, 극장, 군영
등을 비롯해 대중 집회에서 함께 모여 앉아 남의 언행 가
운데 어떤 것들은 비난하고 어떤 것들은 칭찬하기도 할
c 때라네. 그들이 고함을 지르고 박수를 쳐대면서 하는 칭
찬과 비난은 바위들과 그들이 모여 있는 장소에 되울려서
갑절로 증폭된다네. 이럴 경우 젊은이들의 심정이 어떨
거라고 자네는 생각하는가? 혹시 어떤 사교육이 그를 이
런 비난과 칭찬의 홍수에 휩쓸려 떠내려가지 않도록 도와
서 그들[61]과 똑같이 아름다운 것들과 추한 것들은 말하면
서, 그들과 똑같이 행동하고 똑같은 사람이 되지 않도록
할 수 있을까?"

d "소크라테스 선생님, 어떤 교육도 그렇게 할 수 없습니
다." 그가 말했네.

그래서 내가 말했네. "우리는 아직 최대의 강제력에 대해 말하지 않았네."

"그게 무엇인가요?" 그가 물었네.

61 '대중'을 의미한다.

“교육자들이자 소피스트들인 이들이 말로 설득할 수 없을 때 행동을 통해 가하는 강제력일세. 설득되지 않는 사람에 대해서 그들이 시민권을 박탈하거나 벌금형을 부과하거나 사형에 처한다는 사실을 자네는 모르는가?”

“물론 알고 있습니다.” 그가 말했네. (…)

3. 진정한 철학자와 철학적 삶의 의의(496a-497b)

[대화자: 소크라테스, 아데이만토스]

(…) 그래서 내가 말했네. “아데이만토스, 그렇다면 그것 496a
은 철학에 제대로 관여한 사람들 가운데에서도 극소수만
이네. 이는 고귀하고 잘 양육된 이가 그것을 타락시키려 b
는 자들이 없는 국외로 추방된 상태에서 그의 본성에 따라 철학에 머물게 된 경우이거나, 위대한 영혼의 소유자가 보잘것없는 나라에서 태어나 정사(政事)를 경시하는 경우일세. 아주 드물게는 매우 훌륭한 성향을 갖고 태어나 정당하게도 다른 기술을 경시한 나머지 철학으로 향하기도 하네.

또한 우리 친구 테아게스의 말고삐가 그가 다른 것을 c
못하도록 철학에 붙들어 둘 수도 있겠네. 철학에서 이탈

할 모든 조건이 구비되어 있었지만, 신병(身病)으로 인해 정치에 관여할 수 없어서 테아게스가 철학에 머물러 있었던 것처럼 말일세. 나처럼 신의 암시[62]를 받은 경우는 거론할 필요가 없을 걸세. 나보다 앞서 살았던 사람들 중에 신의 암시를 받았다는 사람은 없었으니까 말일세. 어쨌든, 이들 소수 그룹의 일원이 된 사람들은 자기가 소유한 것이 얼마나 감미롭고 축복받은 것인지 맛보는 한편 대중의 광기도 충분히 목격했네.

d 또한 그는 국사(國事)와 관련해서 누구도 건전한 것을 행하지 않고, 자산과 함께 정의를 지킬 동지도 없다는 것을 알고 있네. 오히려 그는 야수들의 무리 가운데 떨어져 함께 부정의를 행하려 하지도 않지만 사나운 모두를 상대로 혼자서 저항할 수도 없는 사람처럼, 국가나 친구들에게 이로운 일을 하기도 전에 죽임을 당함으로써 자기 자신에게도 남에게도 무용하게 된다는 것을 알게 될 걸세. 그는 이 모든 점을 심사숙고한 다음에 결국 조용히 지내며 자기 일에만 전념할 걸세. 마치 몰아치는 폭풍우 속에서 흙

62 to daimonion sēmeion. 소크라테스는 《변론》에서도 다이몬이라는 신적 요소에 의해 정치 참여가 가로막혔다고 진술한 바 있다(40b-c).

더미와 비를 피해 담벼락 밑에 대피한 사람처럼 그는 다른 사람들이 무법에 흠뻑 젖어 있는 것을 보면서도, 자기 e
만 부정의와 불경스런 행위들로 더럽혀지지 않은 채 살다가 아름답고, 즐겁고, 희망을 품으며 만족스럽게 이 세상을 떠날 것이네."

"그가 아주 작은 일을 해놓고 세상을 떠나는 것은 아닙 497a
니다."

그래서 내가 말했네. "하지만 그는 자신에게 어울리는 정체를 만나지 못했으니, 가장 위대한 것을 성취한 것도 아닐세. 그와 어울리는 정체에서는 자신도 더 성장할 뿐 아니라, 사적인 것과 더불어 공동의 것들도 구제할 수 있을 테니 말일세. 이상으로 우리는 어째서 철학이 비방을 듣게 되었으며, 어째서 그것이 부당한지 충분히 논의한 것 같네. 그 밖에 자네가 할 말이 더 없다면 말일세."

"그와 관련해서는 더 이상 할 말이 없습니다. 그런데 선생님께서는 현존하는 정체들 중에서 어느 것이 철학에 적합하다고 말씀하시겠습니까?" 그가 말했네.

그래서 내가 말했네. "그런 정체는 하나도 없네. 내가 불 b
평하는 것도 현존하는 정체 중에는 철학적 성향에 어울리는 것이 하나도 없다는 점일세. 사정이 이러한 까닭에 철학적 성향이 비뚤어지고 더 나쁜 것으로 변질되고 만다네. (…)"

4. 친구가 된 소크라테스와 트라쉬마코스(498d)

[대화자: 소크라테스, 아데이만토스]

498d 그래서 내가 말했네. "여보게, 자네는 방금 친구가 된 나와 트라쉬마코스 사이를 이간하지 말게나. 전에도 서로 적이었던 적은 없지만 말일세. 나는 트라쉬마코스와 다른 사람들을 설득할 때까지, 아니면 그들이 다시 태어나 이런 논의를 하게 될 때 그들에게 무언가 도움이 될 만한 것을 해주기 전에는 결코 노력을 멈추지 않을 걸세."

"선생님께서는 그것이 짧은 시간에 가능하기라도 한 것처럼 말씀하시네요." 그가 말했네. (…)

5. 칼리폴리스의 실현 가능성과 대중에 대한 기대 (499b–500a)

[대화자: 소크라테스, 아데이만토스]

499b "(…) 어떤 필연성이 지금은 무용지물이라고 불리는 타락하지 않은 소수의 철학자들로 하여금 그들이 원하든 원치 않든 국가를 돌보게 하고 국가는 그들에게 복종하도록 하기 전에는, 또는 지금 권력을 잡고 있거나 왕의 자리에

있는 자들의 아들들이 신의 영감을 받아 진정한 철학에
대한 참된 사랑을 경험하기 전에는, 국가도 정체도 개인
도 완전한 상태에 도달하지 못할 걸세. 그런데 나는 이 둘 c
가운데 어느 하나 또는 둘 다가 실현 불가능하다고 주장
하는 것은 근거가 없다고 생각하네. 만약 실현 가능성이
없다면, 우리는 기원(祈願)과도 같은 것을 헛되이 말한 것
이기 때문에 조롱받아 마땅하네. 그렇지 않은가?"

"그렇습니다."

"따라서 최고의 철학자들이 국가를 관리하도록 하는
필연성이 헤아릴 수 없는 먼 옛날에 발생했거나, 우리의
시야에서 멀리 떨어져 있는 이민족들의 나라에서 현재 발
생하고 있거나 장차 발생한다면, 우리는 철학의 무사 여 d
신이 국가를 지배하게 될 때, 우리가 말한 정체가 실현되
었고, 실현되고 있으며, 실현될 것이라고 강하게 주장할
준비가 되어 있네. 그런 일이 일어난다는 것은 불가능하지
않으며, 우리가 불가능한 것들을 말하는 것이 아니기 때문
이네. 물론 그것이 어렵다는 것에는 우리도 동의하지만 말
일세."

"제 생각도 그렇습니다." 그가 말했네.

"그렇다면 대중은 그렇게 생각하지 않는다는 말인가?"
내가 물었네.

"아마도 그렇게 생각하지 않을 것입니다." 그가 대답했네.

그래서 내가 말했네. "여보게, 대중을 그런 식으로 비난
e 하지는 말게나. 만약 자네가 그들과 싸우려고 하지 않고,
그들을 달래고, 자네가 생각하는 철학자들이 어떤 사람
들인지 보여 줌으로써 그들이 가진 편견을 바로잡는다면,
그리고 방금 우리가 했듯이 철학자들의 성향과 활동을 규
정해 주면, 그들은 철학자들이 자신들이 생각해 온 그런
이들이 아니라고 믿을 걸세. 자네는 그들이 그렇게 생각
500a 하면서도 철학자들에 대해서 다른 의견을 갖고 달리 대답
할 거라고 생각하는가? 혹시 자네는 온유하고 시기심이
없는 사람이 화를 내지도 않는 사람에게 화를 내거나, 시
기심이 없는 사람을 시기할 것이라고 생각하는가? 내가
자네를 앞질러 말하네만, 그렇게 강퍅한 성향은 소수의
사람들이라면 몰라도 대중에게는 나타나지 않는다고 나
는 생각하네."

"저도 물론 선생님 의견에 동의합니다." 그가 말했네.

6. 좋음의 이데아(508b-c, 508e-509b)

[대화자: 소크라테스, 아데이만토스]

〔…〕 그래서 내가 말했네. "그렇다면 자네는 내가 태양을 508b
선(善, 좋음)의 자식이라고 주장하는 것으로 말해 두게. 선은
태양을 유비적으로 생성한 것일세. 그래서 태양이 가시적
인 영역[63]에서 '시각'과 '보이는 것들'에 대해 맺는 관계 c
는, 선이 지성으로 알 수 있는 영역[64]에서 '지성'과 '지성
으로 알 수 있는 것들'에 대해 맺는 관계와 같다네."[65] 〔…〕

"그렇다면 선의 이데아는 인식되는 것에 진리를 부여 508e
하고 인식하는 자에게는 능력을 부여하는 것이라고 말해
도 좋네. 그리고 선의 이데아는 지식과 진리의 원인으로
서 지식의 대상이라고 이해해도 좋네. 지식과 진리가 둘
다 아름답긴 해도 선의 이데아가 그보다 더 아름다운 것
이라고 생각한다면, 그것 또한 옳은 생각이네. 앞서 빛과 509a
시각을 태양과 닮은 것으로 여기는 것은 옳지만 태양으로

63 ho horatos topos.

64 ho noētos topos.

65 시각이 있어도 태양의 빛이 없으면 보이지 않듯이, 지성이 있어도 선이 없으면 자각되지 않는다는 것을 말한다.

여기는 것은 옳지 않았듯이, 지식과 진리도 둘 다 선을 닮은 것으로 여기는 것은 옳지만 둘 중 어느 하나라도 선으로 여기는 것은 옳지 않다는 말일세. 선의 상태는 훨씬 더 높게 칭송되어야만 하네." (…)

b "아마도 태양은 보이는 사물들에 보일 수 있는 힘만을 부여하는 것이 아니라, 그것들에 생성과 성장, 영양을 제공해 준다는 데 자네도 동의할 것으로 생각하네. 비록 태양 자체는 생성되는 것은 아니지만 말일세."

"어찌 태양이 생성되는 것일 수 있겠어요?"

"마찬가지로 자네는 인식되는 사물들이 선(좋음)으로 인해 인식될 수 있는 힘만 부여받는 것이 아니라, 그 존재와 실체도 부여받지만 선은 실체가 아니며 위엄과 힘에서 실체를 훨씬 초월한다고 말하지 않으면 안 될 것이네."[66]

---

66 '존재(to einai)'와 '실체(ousia)'를 엄밀하게 구분해서 사용하고 있는지는 분명하지 않다. 일반적으로 '존재'는 모든 인식과 앎의 근원적인 토대를 의미하고, '실재'는 인식과 별도로 존재하는 것의 현재성을 의미한다.

[제7권]

1. 동굴의 비유(514a-517a)

[대화자: 소크라테스, 글라우콘]

그래서 내가 말했네. "자, 이제는 교육이 있는 경우와 없는 경우를 상정하고서 우리의 본성을 다음과 같은 경험에 비유해 보겠네. 여기 지하 동굴이 하나 있는데, 그 안에 사람들이 살고 있고 그 입구는 길고 동굴의 전체 너비를 가로질러 빛이 들어올 만큼 넓다고 상상해 보게. 그들은 어릴 적부터 다리와 목이 묶인 채로 앞만 보도록 고정되 514a
어 있고, 고개를 돌릴 수 없도록 속박되어 있네. 그들의 뒤 b
편으로는 멀리 위쪽에서 횃불이 타오르고 있으며, 불과 죄수들 사이로는 길이 나 있고, 그 길을 따라서 낮은 담이 세워져 있네. 마치 인형극을 공연하는 사람들이 관객들 앞에 스크린을 세우고 거기에 인형들을 투사하듯이 말일세."

"네, 그렇게 상상하고 있습니다." 그가 말했네.

c “그렇다면 이것도 상상해 보게. 사람들이 온갖 인공물들, 그리고 나무로 만든 동물과 사람의 상(像)들을 담 위로
515a 운반하는 것을 말일세. 이것들을 운반하는 사람들 가운데 어떤 이들은 말을 하고, 어떤 이들은 침묵을 지키고 있네.”

그러자 그가 말했네. “선생님께서는 희한한 이미지들과 희한한 죄인들을 말씀하시는군요.”

그래서 내가 말했네. “이들은 우리와 같은 사람들일세. 자네는 이런 사람들이 자기 자신들에 관해서건 남들에 관해서건 불빛에 의해 맞은편 동굴 벽면에 투영된 그림자들 말고 무언가를 본 적이 있었을 거라고 생각하는가?”

b “그들이 일생 동안 고개조차 돌릴 수 없도록 강제당했다면, 어떻게 볼 수 있겠습니까?” 그가 물었네.

“운반되는 다른 물체들은 어떤가? 그것들도 마찬가지겠지?”

“물론입니다.”

“만일 그들이 서로 대화를 할 수 있다면, 그들은 자기들이 보는 것들을 실물[67]이라고 지칭하지 않겠는가?”

“그건 필연적입니다.”

67 ta onta.

"지나가던 사람들이 말을 할 때마다 감옥 맞은편에서 메아리가 울려 온다면 어떻겠는가? 그들은 그 소리가 자기들 앞을 지나가는 그림자에서 나온 것이라 믿을 거라고 자네는 생각하지 않겠는가?"

"맹세코, 그렇게 생각할 것입니다." 그가 대답했네.

그래서 내가 말했네. "어쨌거나 그들은 인공물의 그림 c
자 이외의 다른 어떤 것도 진짜라고 생각하지 않을 걸세."

"당연히 그럴 것입니다." 그가 말했네.

그래서 내가 말했네. "그렇다면 그들이 속박에서 해방
되고 어리석음이 치유되는 일이 일어난다면, 만일 이런
일이 자연적으로 일어난다면, 어떻게 되겠는지 생각해 보
게. 그들 가운데 누군가 쇠사슬에서 풀려나 갑자기 일어
서서 고개를 돌려 불빛을 쳐다보도록 강요받는다면, 그는
고통스러워할 것이고, 눈부심 때문에 지금껏 보아온 그
림자들의 실물을 볼 수 없을 걸세. 만약 어떤 사람이 그 d
가 전에는 하찮은 것들을 봤지만, 지금은 실재에 더 가까
이 와 있고, 실재의 것들에 향하고 있으므로 더 올바르게
볼 수 있게 됐다고 그에게 말하면서, 지나가는 것들 하나
하나를 가리키며 그것이 무엇인지 묻고 대답할 것을 그에
게 강요한다면, 그는 뭐라고 말할 것 같은가? 그는 당황
해 하며, 지금 자기에게 가리켜진 것들보다 이전에 보았

던 것들을 더 진실한 것이라고 믿지 않겠나?"

"확실히 그럴 것 같습니다." 그가 말했네.

"또한 만약 불빛을 직접 쳐다보도록 강요당한다면, 그
는 눈이 아픈 나머지 자기가 볼 수 있는 것들을 향해 도
e 망치고, 그것들이 지금 자기에게 실재로 드러난 것들보다
더 명확한 것들이라고 믿지 않겠는가?"

"그럴 것입니다." 그가 말했네.

그래서 내가 말했네. "또한 만약 누가 험하고 가파른 오
르막길을 통해 그를 억지로 그곳에서 끌어내어, 햇빛 속
으로 나올 때까지 놓아주지 않는다면, 그는 고통스러워하
516a 며 자신이 이끌려 나온 것을 불평하지 않겠는가? 또한 햇
빛 속으로 나오면 눈이 광채로 가득 차서 지금 진실한 것
이라고 일컬어지는 것들은 하나도 볼 수 없지 않겠는가?"

"적어도 당장에는 볼 수 없을 것입니다." 그가 말했네.

"그렇겠지. 위쪽에 있는 사물들을 보려면 익숙해져야
하네. 처음에는 그림자를 가장 쉽게 볼 수 있을 것이고,
다음에는 물에 비친 사람들이나 다른 사물들의 상(像)을
볼 수 있을 것이고, 그런 뒤에야 실물들을 볼 수 있을 것
이네. 그런 다음에 그는 하늘에 있는 것들과 하늘 자체를
b 보게 될 텐데, 그에게는 낮에 해나 햇빛을 보는 것보다 밤
에 별빛이나 달빛을 보는 것이 더 수월할 걸세."

"어찌 그렇지 않겠어요."

"마지막에는 그가 물이나 그 밖의 다른 곳에 비친 상으로서가 아니라, 본래 자리에 있는 태양 자체를 직접 보고 관조하게 될 걸세."

"그건 필연적입니다." 그가 말했네.

"이로써 그는 태양에 대해서 이렇게 추론할 걸세. 즉
태양이 계절과 해(年)를 만들어 내며, 가시적인 세계에 있 c
는 모든 것을 지배하고, 어떤 의미에서는 그와 그의 동료
들이 동굴에서 본 모든 것의 원인이 된다고 말일세."

"분명히 그와 같은 결론에 도달할 것입니다." 그가 말했네.

"어떤가? 그는 자기가 처음에 살던 곳과 그곳에서의 지혜, 그리고 동료 죄수들을 상기하면서, 자신에게 일어난 변화를 다행이라고 여기는 반면 동료 죄수들을 동정할 것 같지 않은가?"

"확실히 그럴 것입니다."

"그런데 지나가는 것들을 가장 예리하게 관찰하여 어
느 것이 앞서가고 어느 것이 뒤에 또는 동시에 지나가는 d
지를 잘 기억해 두었다가 그것으로 앞으로 올 것을 가장
잘 예측하는 사람에게 명예와 찬사와 상을 주는 관습이
그들에게 있다면, 그는 이러한 것들을 얻고 싶어 하거나

그들 사이에서 존경받고 권력 있는 이들을 부러워할 것으로 생각하는가? 아니면 그들처럼 생각하고 그런 식으로 사느니 차라리 호메로스의 말처럼, '가난한 사람 밑에서 품이나 팔면서',[68] 어떠한 고통이라도 감당하고 싶어 할 것으로 생각하는가?"

e "그는 그런 식으로 사느니 차라리 어떠한 고통이라도 겪고 싶어 할 것이라고 저는 생각합니다." 그가 말했네.

그래서 내가 말했네. "그러면 이 점도 생각해 보게. 그런 사람이 다시 동굴로 내려가서 이전과 똑같은 자리에 앉게 된다면, 갑자기 햇빛으로부터 벗어났으므로 그의 눈이 어둠으로 가득 차지 않겠는가?"

"확실히 그럴 겁니다." 그가 말했네.

"만약 그가 그곳에 영구히 수감되어 있는 죄수들과 그림자들을 판별하는 경쟁을 다시 해야만 한다면, 그것도 시력이 회복되기 전이라면, 그는 웃음거리로 전락하지 않겠는가? 어둠에 익숙해지는 데는 시간이 꽤 필요하기 때
517a 문일세. 그리고 그들이 그에 대해서 말하기를 그가 위쪽으로 올라가더니 눈을 다쳐서 돌아왔다고 하고, 동굴 밖

68 《오뒷세이아》 제11권 489-491행.

으로 나가는 것은 시도할 가치도 없다고 하지 않겠는가? 이런 까닭에 그들은 자신들의 결박을 풀어 주고 위쪽으로 데려가려는 자를 할 수만 있다면 모두 잡아서 죽이려고 하지 않겠는가?" (…)

2. 철학자에 대한 강요과 그 정당성(519c-520a)

[대화자: 소크라테스, 글라우콘]

(…) 그래서 내가 말했네. "따라서 국가의 건설자로서 우 519c
리가 해야 할 일은, 가장 훌륭한 성향(자질)을 가진 사람들
로 하여금 이전에 우리가 가장 위대한 것이라고 말한 배
움에 이르도록, 즉 앞서 말한 저 오르막길을 올라가 선(善)
을 보도록 강요하는 것일세. 그러나 일단 올라가서 그것 d
을 충분히 본 다음에는 지금 그들에게 허용된 것[69]을 더
이상 허용하지 않을 걸세."

"그게 무엇입니까?"

69 동굴 밖의 태양 아래 머무르면서 만물의 존재를 생동감 있게 지각하는 것, 즉 철학자로서 이데아를 탐구하는 것을 말한다.

"거기에 그대로 머물러 있으려고만 하고, 다시 죄수들 곁으로 내려가서, 보잘것없는 일이건 중대한 일이건 간에 그들의 고통이나 명예에 참여하려고 하지 않는 것을 말하네." 내가 말했네.

"그렇다면 우리는 그들에게 부정의를 행하는 것입니다. 그들이 더 나은 삶을 살 수 있는데도 더 못한 삶을 살도록 강요하는 것이니까요." 그가 말했네.

e 그래서 내가 말했네. "여보게, 자네는 우리 법의 목적이
국가 안의 한 부류가 특별히 행복해지는 데 있는 것이 아
니라, 국가 전체에 행복이 실현되도록 하는 데 있다는 것
을 또 잊었네. 법은 설득과 강제를 통해 시민들을 화합시
키고, 각자가 공동선을 위해 할 수 있는 봉사를 배분하는
520a 것이라네. 또한 법이 국가 안에 이런 사람들을 만들어 내
는 이유는 그들이 제각각 가고 싶은 곳으로 가도록 내버
려 두기 위해서가 아니라, 그들을 이용하여 국가를 결속
시키기 위해서라네."

"옳은 말씀입니다. 제가 정말 그것을 잊고 있었네요." 그가 말했네. (…)

3. 철학자에 대한 설득(520a-d)

[대화자: 소크라테스, 글라우콘]

〔…〕 "그렇다면 글라우콘, 다음을 고찰해 보게." 내가 말 520a
했네. "철학자들에게 다른 사람들을 돌보고 보호하라고 강요하는 것은 결코 부정의를 행하는 것이 아니라 정당한 것일세. 왜냐하면 우리는 그들에게 다음과 같이 말할 것 b
이기 때문이네. '다른 국가들에서 그런 지위에 오른 사람이 국가의 노고에 참여하지 않는 것은 정당하오. 그들은 각각의 정체의 의도와 관계없이 자발적으로 성장했기 때문이오. 빚짐이 없는 양육은 누구에게도 비용을 지불하지 않는다 해도 정당하오. 그러나 우리는 여러분을 여러분 자신과 시민들을 위해서 꿀벌통의 지도자, 말하자면 왕으로 탄생시키고, 다른 시민들보다 더 훌륭하고 완벽한 교육을 받게 해주었소. 그래서 철학과 정무 양쪽을 다 관장할 수 있는 능력을 갖추게 되었소. 그러니 여러분은 동료 c
시민들이 있는 곳에 차례로 내려가서 어둠에 싸인 것들을 보는 일에 익숙해져야만 하오. 일단 익숙해지면 여러분은 그곳에 있는 사람들보다 그것들을 월등히 잘 보게 될 것이며, 각각의 상(像)들이 무엇이며 어디서 왔는지 식별할 수 있을 것이오. 여러분은 아름다운 것들과 정의로운 것들, 그리고 좋은 것들에 관한 진리를 이미 봤기 때문이오.
그리하여 우리와 여러분의 이 국가는 다른 대부분의 국가
들처럼 꿈속에서 통치되는 것이 아니라 깨어 있는 통치가
이루어지는 국가가 될 것이오.' 오늘날 많은 국가들은 누
d 가 통치할 것인가를 두고 그것이 아주 좋은 것이라도 되
는 것처럼 권력을 잡으려고 서로 싸우는 자들에 의해서
통치되고 있네. 그러나 진실은 이러하네. 즉 통치할 사람
들이 통치하는 일에 가장 열의가 적은 나라는 가장 훌륭하
고 가장 조용하게 통치되지만, 그와 반대되는 통치자들을
둔 나라는 그와 반대로 통치되는 것이네." (…)

제8권

1. 타락한 정체의 종류(544b-e)

[대화자: 소크라테스, 글라우콘]

〔…〕 그러자 그가 말했네. "저 자신도 선생님께서 말씀 544b
하시는 네 가지 정체가 어떤 것인지 듣고 싶습니다."

"쉽게 듣게 될 걸세." 내가 말했네. "내가 말하려는 네 c
가지 정체는 모두 고유한 이름이 있네. 첫 번째는 많은 사람들이 칭송하는 저 크레타 또는 라코니아[70] 정체일세. 두 번째는 그에 버금가는 칭찬을 받고 있는 과두정체(寡頭政體)인데, 이 정체는 온갖 나쁜 것으로 가득 차 있네. 그 다음으로 이 정체와 대조적이면서도 이 정체로부터 생겨난 민주정체가 있네. 마지막은 다른 모든 정체와 판이한 경이

70 원문의 Lakōnikē는 펠로폰네소스반도 남쪽에 위치한 그리스 지방을 가리킨다.

로운 참주정체(僭主政體)인데, 이것이 네 번째 정체이자 가장
병적인 정체라네. 혹시 자네는 정체로서의 성격이 뚜렷한
그 밖의 다른 종류를 알고 있는가? 세습군주제나 매관매
d 직의 왕정들, 그리고 이와 유사한 종류의 정체들은 네 가
지 정체 사이에 위치한 것들로, 헬라스인들뿐만 아니라 이
민족들 사이에서도 볼 수 있는 것들이기에 묻는 것일세."

"어쨌든 이상한 정체들이 많이 언급되긴 합니다." 그가 말했네.

"인간의 기질도 정체의 수만큼이나 여러 종류가 있다
는 것을 자네는 알고 있는가? 아니면 자네는 정체가 그
나라에 살고 있는 사람들의 성격에서 비롯된 것이 아니라
e 떡갈나무나 바위에서 생긴 것으로[71] 생각하는가?" 내가
말했네.

"저는 그것이 사람들의 성격 이외의 다른 곳에서는 생겨날 수 없다고 생각합니다." 그가 말했네.

"그러므로 정체의 유형이 다섯 가지라면, 개인의 영혼도 그 유형이 다섯 가지가 되겠지?"

"물론입니다." (…)

71 《오뒷세이아》 제19권 162-163행.

2. 민주정체적인 인간의 외양, 영혼, 삶의 방식(560d-561d)

[대화자: 소크라테스, 아데이만토스]

〔…〕 "그들[72]은 자신들이 점령하고, 거대한 의식(儀式)으 560d
로 입교(入敎)시킨 젊은이의 영혼에서 여러 미덕들을 몰아 e
낸 다음, 오만과 무질서와 방탕과 몰염치를 키워 화관을
씌워서는 많은 가무단과 함께 불러들이네. 이때 오만을
교양이라 부르고, 무질서를 자유라고 부르며, 방탕을 호 561a
기(豪氣), 몰염치는 용기라고 부르면서 찬양하고 미화하네.
이런 방식으로 젊은이가 필수적인 욕구들에 기반해 자라
나다가 불필요하고 무용한 쾌락의 방임과 탐닉으로 전환
되는 것이 아닌가?" 내가 말했네.

"명백하게 그러합니다." 그가 말했네.

"이런 사람은 아마도 필요한 쾌락뿐만 아니라 불필요
한 쾌락을 위해서도 돈과 노력과 시간을 들이며 산다네.
하지만 운 좋게도 그의 열광이 도를 지나쳐 버리지 않고, b
나이를 먹으면서 대부분의 소란이 약화되고, 추방당한 것

72 데모스(대중)를 의미한다.

들 중 일부를 받아들임으로써 침입자들에게 자신을 완전
히 내맡기지 않는 상태가 되면, 그는 쾌락들을 균등하게
배분하며 삶을 영위할 것이네. 그리하여 마치 추첨으로
뽑기라도 한 것처럼 닥치는 대로 쾌락이 충족될 때까지
자신에 대한 지배권을 넘겨 버리고, 어떠한 쾌락도 지나
c 치지 않고 모든 것을 똑같이 대우하네." (…)

(…) 그래서 내가 말했네. "이처럼 그는 날마다 어떤 쾌
d 락이든 닥치는 대로 탐닉하면서 살아가는데, 때로는 음
주와 피리 연주에 도취하는가 하면, 다시 물만 마시며 살
을 빼기도 하고, 때로는 체력단련을 하기도 하고, 다시 게
으름을 피우며 만사에 무관심해질 것이네. 때로는 철학에
몰입한 양 시간을 보내기도 할 것이네. 또한 그는 정치에
도 자주 관여하는데, 벌떡 일어나 생각나는 대로 말하고
행동할 것이네. 그리고 전사(戰士)가 부럽게 생각되면 그쪽
으로 기울어지고, 재력가를 흠모하게 되면 이번엔 그쪽으
로 향할 것이네. 말하자면 그의 생활에는 아무런 질서도
필연성도 없지만, 그는 이런 생활을 즐겁고 자유롭고 행복
한 삶이라 부르면서 평생토록 그렇게 살아간다네."

3. 민주정체에서의 자유(562a-c, 562e-563b, 563d)

[대화자: 소크라테스, 글라우콘, 아데이만토스]

〔…〕“그런데 민주정체가 과두정체로부터 나오듯이 참주 562a
정체도 민주정체로부터 나오지 않겠는가?”

“어떻게 말입니까?”

“과두정체적인 사람들이 선(善)이라고 제안하고, 과두정 b
체의 수립 근거로 드는 것은 바로 부(富)일세. 그렇지 않은가?”

“그렇습니다.”

“그리고 부에 대한 지나친 탐욕, 즉 돈벌이 이외의 모든 것을 경시하는 것이 과두정체를 파멸시켰네.”

“옳은 말씀입니다.”

“그러면 민주정체가 선으로 규정하는 것, 바로 그것에 대한 지나친 탐욕이 또한 이 정체를 무너뜨리지 않겠는가?”

“민주정체가 무엇을 선으로 규정한다는 말씀이신가요?”

“자유일세. 민주정체에서 이것을 가장 훌륭한 것으로
여기고 있고, 이 때문에 성향상 자유로운 사람이 살 만한
나라는 이 나라뿐이라고 하는 말을 자네도 분명히 들었을 c
걸세.” 내가 말했네. 〔…〕

562e 〔…〕그래서 내가 말했네. "여보게, 자유는 개인들의 집에까지 스며들고, 종국에는 가축들에게도 무질서가 팽배할 걸세."

"그게 무슨 말씀이신가요?" 그가 물었네.

"이를테면 아버지는 아이들의 습성에 익숙해져서 아들들을 무서워하기에 이르고, 아들은 아버지의 습성에 익숙
563a 해져서 부모 앞에서도 염치와 두려움을 모르네. 그저 자유로워지기 위해서 말일세. 또한 거류민들과 시민들이 동등해지며, 외국인들과도 마찬가지일세." 내가 대답했네.

"그렇게 될 것 같습니다." 그가 말했네.

"그 밖에도 그와 비슷한 사소한 일들이 일어나고 있네. 그런 상황에서는 교사가 학생들이 무서워 비위를 맞추고, 학생들은 교사들을 무시하고, 보조교사들에 대해서도 그럴 것이네. 젊은이들은 전반적으로 연장자들을 흉내 내며 말과 행동에서 그들과 경쟁할 것이네. 노인들은 젊은이들
b 의 수준으로 내려와서는, 무뚝뚝하거나 권위적인 것처럼 보이지 않기 위해서 익살과 재치로 젊은이들을 흉내 내네." 내가 말했네.

"분명 그러합니다." 그가 말했네.

"하지만 여보게! 이런 국가에서 생기는 극단적인 대중의 자유는 팔려 온 남녀 노예들이 자신들을 사들인 사람

못지않게 자유로울 때 나타난다네. 그런데 남녀 간의 법 앞의 평등과 자유가 얼마나 크게 존재하는지 언급하는 것을 하마터면 잊어버릴 뻔했네."

〔…〕 그래서 내가 말했네. "이런 것들이 모두 합해질 때, d
어떤 결과가 나타나는지 자네도 잘 알지 않는가? 그것은 시민들의 혼을 몹시 민감하게 만들어서 누군가 그들을 예속하려 들면 불쾌해하며 그것을 참지 못하는 것 말일세. 그리하여 시민들이 결국 성문율이든 불문율이든 법률을 무시하게 되는 지경에 이르는데, 이는 어떤 식으로든 어떤 주인도 갖지 않기 위함이라네."

제9권

1. 정의로운 삶과 부정의한 삶에 대한 최종 판정(580b-c)

[대화자: 소크라테스, 글라우콘]

580b “자, 그렇다면 판정관이 경연에서 최종 결과를 발표하듯, 자네도 자네 의견에 따르면 행복의 관점에서 누가 첫째이고 누가 둘째인지, 그 밖의 다른 사람들은 서열이 어떻게 되는지 다섯 모두를 판정해 주게. 왕도정체적인 인간, 명예정체적인 인간, 과두정체적인 인간, 민주정체적인 인간, 참주정체적인 인간이 그것이었네.” 내가 말했네.

“판정은 쉽습니다. 마치 합창가무단을 순서대로 등장시키듯이, 저는 덕과 악덕, 행복과 불행이라는 관점에서 그들의 서열을 판정할 테니까요.” 그가 말했네.

그래서 내가 말했네. “그러면 공포할 사람을 한 명 고용
c 할까, 아니면 내가 직접 공포할까? ‘아리스톤의 아들[73]이 내린 판정에 따르면 가장 훌륭하고 가장 정의로운 자가

가장 행복한 사람인데, 그는 가장 왕도정체적이며, 따라서 자신을 가장 왕답게 다스리는 자인 반면에, 가장 사악하고 가장 부정의한 자가 가장 비참한 사람인데, 그는 참주정체적인 인간이며 따라서 자신과 국가를 가장 참주답게 다스리는 자가 그런 사람이다'라고 말일세."

"선생님께서 공포하는 걸로 하시죠." 그가 말했네.

그래서 내가 말했네. "그리고 '그들이 그런 자들이라는 것은 모든 인간과 신들이 알건 모르건 간에'라는 말도 덧붙이면 어떨까?"

"네, 덧붙여 주세요." 그가 말했네. 〔…〕

2. 즐거움의 종류와 두 번째 증명(580c-581c)

[대화자: 소크라테스, 글라우콘]

〔…〕"좋네. 이게[74] 우리의 첫 번째 증명[75]이 될 것이네. 580c

---

73 글라우콘을 말한다. 제1권 327a 참고.

74 바로 앞에 나오는 참주가 얼마나 불행한 처지에 놓여 있는가에 대한 진술을 가리킨다.

75 가장 부정의한 자가 가장 불행하며 가장 정의로운 자가 가장 행복하다는 증명을 말한다.

다음 두 번째 증명은 어떤 것인지 보게나." 내가 말했네.

d "그건 어떤 증명인가요?"

"국가를 세 부류[76]로 나눈 것처럼 개인의 영혼도 세 부분으로 나누었으므로, 또 다른 증명이 가능할 것 같다는 것일세." 내가 말했네.

"그건 어떤 증명입니까?"

"개인의 영혼도 세 부분이므로 그에 해당하는 즐거움도 각 부분에 하나씩 셋이 있으며, 욕구와 통치 원리도 마찬가지로 셋씩 있다는 것일세."

"무슨 말씀이신지요?" 그가 물었네.

"말하자면, 인간은 영혼의 한 부분으로는 배우고, 다른 부분으로는 화를 내네. 세 번째 부분은 다양하기 때문에 그에 걸맞은 하나의 이름을 붙일 수가 없어서 그 안에 있
e 는 가장 크고 가장 강한 것에 따라 이름을 붙였네. 우리는 이것을 '욕구적인 부분'이라고 불렀는데, 그것은 먹는 것이나 마시는 것, 정욕, 그리고 그 밖의 모든 것에 대한 욕구가 강렬하기 때문이었네. 이런 종류의 욕구들이 무엇보
581a 다도 돈에 의해 충족되기 때문에 우리는 이것을 '돈을 좋

76 통치자, 수호자, 생산자의 세 계급을 말한다.

아하는 부분'이라고 명명하기로 했네."

"그렇게 한 것은 옳은 일입니다." 그가 말했네.

"이 부분의 즐거움과 좋아함을 이익을 위한 것이라고 말한다면, 이로써 우리는 이 부분을 한 가지 주된 특징으로 요약할 수 있게 되었네. 그러니 앞으로 이 점을 우리 자신에게 분명히 해두고 영혼의 이 부분을 언급할 때 '돈을 좋아하는 부분' 또는 '이익을 탐하는 부분'이라고 부른다면 우리의 견해는 틀리지 않겠지?"

"저는 그렇게 생각합니다." 그가 말했네. b

"어떤가? 우리 주장에 따르면, 기개에 해당하는 부분은 권력과 승리와 명성만을 전적으로 지향하지 않겠는가?"

"물론입니다."

"그렇다면 이 부분을 '승리를 사랑하는 부분' 또는 '명예를 사랑하는 부분'이라고 부른다면 적절하지 않겠는가?"

"가장 적절합니다."

"한편 우리가 무언가 배울 때 사용하는 부분은 언제나 전적으로 진리만을 추구하며, 돈과 명예에 대해서는 세 부분 중에서 가장 적은 관심을 보이는 부분이라는 것은 누구에게나 명백하네."

"그렇습니다."

"그렇다면 우리가 이 부분을 '배우기를 좋아하는 부분'

또는 '지혜를 사랑하는 부분'이라고 하면 적절하게 부른 것이겠지?"

c "어찌 그렇지 않겠습니까?"

그래서 내가 말했네. "그런데 상황에 따라, 어떤 사람의 혼 안에서는 이 부분이 지배하고, 다른 사람의 경우에는 다른 부분이 지배하겠지?"

"그렇습니다." 그가 말했네.

"그래서 우리는 인간도 지혜를 사랑하는 자, 승리를 사랑하는 자, 이익을 탐하는 자라는 세 가지 유형이 있다고 말하네."

"그렇습니다."

"그리고 즐거움도 각 유형에 하나씩 세 종류가 있겠지?"

"그렇습니다."

그래서 내가 말했네. "자네도 알겠네만, 이 세 유형의 인간들에게 세 가지 생활 가운데 어느 것이 가장 즐거운지 차례대로 물어본다면, 그들은 틀림없이 자신의 생활을 가장 찬양할 것이네."

3. 지혜에 대한 사랑이 최고의 즐거움이라는 증명 (581e-583a)

[대화자: 소크라테스, 글라우콘]

(…) 그래서 내가 말했네. "세 유형의 인간이 각기 자신들의 즐거움과 자신들의 삶에 대해서 어떤 삶이 더 훌륭하고 어떤 삶이 더 수치스러운지, 또 더 낫고 더 못한 것인지에 관한 것이 아니라, 어떤 삶이 더 즐겁고 어떤 삶이 더 고통스러운지에 관해 다툴 때, 그중 어느 쪽이 더 진실을 말하고 있는지 어떻게 알 수 있겠나?" 581e

"저로서는 뭐라고 대답해야 할지 모르겠습니다." 그가 말했네. 582a

"그렇다면 이렇게 생각해 보게. 어떤 것을 제대로 판단하려면, 무엇을 기준으로 판단해야 할까? 경험, 지혜와 이성이 그 기준이 되어야 하지 않을까? 아니면 이보다 더 나은 기준이 있겠는가?"

"어찌 있겠습니까?" 하고 그가 말했네.

"생각해 보게. 이 세 사람 중 우리가 말한 모든 즐거움을 가장 많이 경험한 사람은 누구이겠는가? 이익을 탐하는 자가 진리 자체가 무엇인지 배울 때 지식의 즐거움에 대한 그의 경험이, 지혜를 사랑하는 사람이 이익을 얻을 b

때 생기는 즐거움의 경험보다 더 많을 거라고 자네는 생각하는가?"

"거기엔 큰 차이가 있습니다. 지혜를 사랑하는 사람은 어릴 때부터 반드시 다른 즐거움들도 맛봐야만 하지만, 이익을 탐하는 자는 실재[77]가 무엇인지 배우는 즐거움이 얼마나 달콤한 것인지 굳이 맛보거나 경험할 필요가 없습니다. 설령 그가 그러기를 바란다 하더라도, 그건 쉬운 일이 아닙니다." 그가 말했네.

그래서 내가 말했네. "그렇다면 지혜를 사랑하는 사람은 즐거움을 양쪽 다 경험한 것으로 인해 이익을 탐하는 자보다 월등하네."

c "훨씬 월등합니다."

"명예를 사랑하는 자와 비교하면 어떤가? 지혜를 사랑하는 사람이 명예를 통해 얻는 즐거움의 경험이 명예를 사랑하는 사람이 지혜를 통해 얻는 즐거움의 경험에 못 미치는가?"

"아닙니다. 이 세 사람이 목표를 달성하면 명예는 이들 모두에게 돌아갑니다. 부자도 용감한 사람도 지혜로운 사

77 ta onta.

람도 똑같이 많은 사람에게 존경받으니까요. 따라서 이들은 모두 명예로부터 오는 즐거움을 경험했습니다. 그러나 실재를 관조하는 즐거움은 지혜를 사랑하는 사람 외에는 다른 누구도 맛볼 수가 없는 것입니다." 그가 말했네.

"그렇다면 경험의 관점에 볼 때, 이들 가운데 지혜를 사 d
랑하는 사람이 가장 훌륭하게 판정할 걸세." 내가 말했네.

"정녕 그러할 겁니다."

"그리고 지혜를 사랑하는 사람만이 지혜와 경험을 함께 갖고 있네."

"그렇습니다."

"그러니까 판정을 하는 데 사용해야만 하는 도구는 이익을 탐하는 자나 명예를 사랑하는 자의 것이 아니라, 지혜를 사랑하는 사람의 것일세."

"그 도구란 어떤 것입니까?"

"우리는 이성을 기준으로 판정해야 한다고 말한 것 같은데, 그렇지 않은가?"

"그렇습니다."

"그런데 이성은 누구보다도 지혜를 사랑하는 자의 도구라네."

"어찌 안 그렇겠습니까?"

e “부와 이익을 기준으로 판정한다면, 이익을 탐하는 자가 칭찬하거나 비난하는 것들이 가장 진실된 것일 수밖에 없네.”

“당연히 그렇습니다.”

“그러나 명예와 승리, 용기를 기준으로 판정한다면, 명예를 사랑하는 자와 승리를 사랑하는 자가 칭찬하거나 비난하는 것들이 진실된 것이 될 수밖에 없지 않겠는가?”

“그건 명백합니다.”

“그러나 경험과 지혜와 이성에 의해서 판단할 때는 어떠한가?”

“지혜를 사랑하는 사람과 이성을 사랑하는 자가 칭찬하는 것이 가장 진실된 것일 수밖에 없습니다.” 그가 말했네.

583a “그렇다면 세 가지 즐거움 가운데, 영혼에서 배우는 부분의 즐거움이 가장 클 것이며, 또한 우리 영혼 중에서 이 부분이 지배하는 사람의 삶이 가장 즐거운 삶이겠지.”

“어찌 그렇지 않겠습니까? 지혜로운 사람이 자기 삶을 찬양할 때는 적어도 전문가의 자격을 갖춘 의견이니까요.” 그가 말했네. (…)

4. 글라우콘에 대한 최종 설득(591c–592b)

[대화자: 소크라테스, 글라우콘]

"그러니 지각 있는 사람은 평생 여기[78]에 온 힘을 기울 591c
이며 살아가겠지? 우선 그는 자기 영혼을 그렇게 만들어 주는 학문은 존중하되 그렇지 않은 학문은 소홀히 여길 걸세."

"확실히 그렇습니다." 그가 말했네.

"그다음으로 그는 몸의 상태와 양육을 동물적이고 비이성적인 즐거움에 맡기거나 그것을 추구하며 살아가지 않을 걸세. 건강도 무시할 것이며, 그것들이 절제를 가져다주지 않는다면 힘세고 건강하고 아름다워지는 것조차
신경쓰지 않을 것이네. 대신 그는 언제나 영혼의 협화를 d
위해 몸의 조화를 조율할 것이 확실하네." 내가 말했네.

"모든 면에서 그러할 것이라고 생각합니다. 그가 진실로 교양 있는[79] 사람이 되려면 말이죠." 그가 말했네.

"그는 또한 재물을 얻는 일에 있어서도 질서와 조화를

78 영혼 전체가 가장 훌륭한 상태가 되도록 지혜, 절제, 정의를 추구하는 것을 의미한다(591b 참고).

79 mousikos. 시가에 밝은 것을 뜻한다.

유지하겠지? 그는 많은 사람들이 축복이라고 여기는 것에 현혹되어, 소유물을 무한히 늘려서 끝없이 악을 양산하지는 않을 것이네. 그렇겠지?" 내가 말했네.

"그러지는 않을 것으로 저는 생각합니다." 그가 말했네.

"그는 자기 자신 안의 정체를 살펴보면서 재산의 과잉
e 이나 결핍으로 인해 내부적인 교란이 일어나지 않도록 조심할 것이며, 이런 방식으로 그는 재산을 축적하고 사용하는 것을 적절히 조정해 나갈 것이네." 내가 말했네.

"물론입니다." 그가 말했네.

592a "같은 원칙에 따라 그는 명예와 관련해서도 자신을 더 낫게 만들어 주리라고 생각되는 것들은 받아들이고 즐기되, 현재의 상태를 파괴할 것으로 여겨지는 것들은 사적으로든 공적으로든 피할 걸세."

"이것이 그가 관심을 갖는 것이라면, 그는 결코 정치를 하려고 하지 않을 것입니다." 그가 말했네.

"그는 자신의 나라[80]에서는 정치를 하려고 할 것이네. 그러나 자기가 태어난 국가에서는 아마도 행운이 따르지 않는 한, 맹세코 그러려 하지 않을 것이네." 내가 말했네.

80 지금까지 논의를 통해 수립한 이상국가를 의미한다.

"잘 알고 있습니다. 선생님께서는 방금 우리가 논의를 통해 건설한 이상국가에서나 그렇게 할 거라는 말씀이시군요. 그런 나라는 지상 어디에도 존재하지 않을 것으로 저는 생각합니다만." 그가 말했네.

"하지만 그 국가는 아마 본보기로서 하늘에 존재할 것 b
이네. 누구든지 원하면 그것을 보고, 그것을 바탕으로 자신 안에 그 국가를 건설하고자 하는 사람을 위해서 말일세. 그 국가가 어디에 존재하는지 또는 장차 어디에 존재할 것인지는 문제가 되지 않는다네. 그는 오직 이 국가에서만 정치를 할 뿐, 다른 국가에서는 전혀 정치를 하지 않을 테니까 말일세." 내가 말했네.

"그럴 것 같군요." 그가 말했네.

1. 이데아, 실물, 그림자의 형이상학(596a-b, 597a-b)

[대화자: 소크라테스, 글라우콘]

596a 〔…〕“그렇다면 우리에게 익숙한 방식으로 고찰을 시작해 보면 어떻겠나? 말하자면 우리는 같은 이름을 가진 많은 것들의 각 집단마다 하나의 형상[81]을 가정하곤 했었네. 이해하지 못하겠는가?”

“이해합니다.”

“그렇다면 많은 것들 가운데 자네가 원하는 것으로 하나를 가정해 보세. 예컨대, 자네가 괜찮다면 많은 침대와 식탁이 있다고 하세.”

“어찌 없겠습니까?”

81 여기서 형상, 즉 eidos는 이데아를 의미한다.

"그러나 이 가구들의 이데아는 두 개인데, 하나는 침상 b
의 이데아이고 다른 하나는 식탁의 이데아일세."

"네, 그렇습니다."

"우리는 가구를 만드는 제작자[82]가 그 이데아를 보고서 혹자는 침상을, 혹자는 우리가 사용하는 식탁을 만들며, 다른 것들도 비슷한 방식으로 만든다고 말해 오지 않았는가? 어떤 제작자도 이데아 자체를 만들지는 않을 테니까 말일세." 〔…〕

"침상 제작자는 어떤가? 방금 자네는 그가 만드는 것은 597a
우리가 침상 자체라고 부르는 이데아가 아니라 특정 침상이라고 말하지 않았는가?"

"저는 그렇게 말했습니다."

"그러면, 그가 침상 자체를 만드는 것이 아니라면, 그는 실재를 만드는 것이 아니라 실재와 유사하지만 실재는 아닌 어떤 것을 만드는 것일세. 누가 침상 제작자나 그 밖의 공예 기술자의 제작물이 완벽한 실재라고 말한다면, 그는 아마 진실을 말하는 것이 아니겠지?"

82 dēmiourgos. 장인.

"적어도 이런 논의에 시간을 들여 온 사람들에게는 그렇게 생각될 것입니다." 그가 말했네.

b "그렇다면 목수의 제작물이 진리와 견주어 희미한 것으로 드러난다 해도 전혀 놀랄 일이 아니네."

"네, 그렇습니다."

"그렇다면 자네는 우리가 이 사례들에서 누가 모방자인지 규명하기를 원하는가?"

"선생님께서 원하신다면요." 그가 말했네.

"그러니까 침상에는 세 종류가 있네. 그중 하나는 자연 속에 진정으로 존재하는 것으로, 우리는 그것을 신이 만들었다고 말할 걸세. 아니면 다른 누가 있겠는가?"

"다른 이는 없다고 저는 생각합니다." 그가 말했네.

"다른 하나는 목수가 만든 것이네."

"그렇습니다." 그가 말했네.

"그리고 나머지 하나는 화가가 만든 것이네. 그렇지 않은가?"

"그렇다고 해두겠습니다."

"그러면 결국 화가, 목수, 신, 이 셋이서 세 종류의 침상에 관여하는 것일세."

"네, 그 셋이 맞습니다."

2. 시의 추방 그리고 철학과 시의 근원적 불화 (605a-c, 606a-d, 607b)

[대화자: 소크라테스, 글라우콘]

"모방적인 시인은 분명 성향상 영혼의 가장 훌륭한 부 605a
분을 지향하지 않으며, 그의 지혜 또한 영혼의 이 부분을 만족시키도록 설계되어 있지 않네. 그가 원하는 것은 명성이기 때문일세. 오히려 그는 성마르고 다채로운 성격에 관심을 갖는데, 이런 성격이 모방하기 쉽기 때문이네."

"확실히 그렇습니다."

"그렇다면 우리가 그를 붙잡아 화가와 동등한 위치에 세워 두더라도 정당하겠지? 그는 진리에 견주어 열등한 것들을 만든다는 점에서 화가와 유사하며, 영혼의 최선의 부분이 아니라 열등한 부분과 교류한다는 점에서도 화
가를 닮았기 때문이네. 그러니 훌륭한 법으로 다스려질 b
이 나라에서 우리가 그를 받아들이지 않는 것은 정당하네. 그는 영혼의 열등한 부분을 깨워 양육하고 강하게 만들어서 이성적인 부분을 파멸시키기 때문이지. 그것은 마치 어떤 나라에서 누군가 나쁜 사람들을 강하게 만든 뒤 이들에게 나라를 넘기고, 더 훌륭한 사람들을 몰락시키는 것과도 같네. 마찬가지로 모방적인 시인도 더 큰 것들과

더 작은 것들을 구분하지 못하고, 똑같은 것을 때로는 크
c 다고, 때로는 작다고 믿는 영혼의 비이성적인 부분에 영
합하여 진실과는 동떨어진 상(像)을 만들었고, 이로써 개
개인의 혼 안에 나쁜 정체를 양산한다고 할 수 있네."

"물론 그렇습니다."〔…〕

606a 〔…〕"이런 걸 한번 생각해 보세. 우리 자신이 불행에 처
했을 때 실컷 울고 비통해하고 싶은 욕구가 있는데 강제
로 저지당해 욕구를 충족시킬 수 없을 때, 바로 그 부분들
이 시인들에 의해서 충족되어 즐거움을 얻게 되는 부분
일세. 반면에 우리의 본성에서 가장 훌륭한 부분은 이성
과 습관에 의해 제대로 교육받지 못했기 때문에, 이 비탄
하는 부분에 대한 감시를 늦추게 되네. 이는 남의 고통을
b 구경하고 있기 때문이네. 훌륭한 인간으로 자처하는 누군
가가 어울리지 않게 비탄에 빠져 있을 때, 우리는 그를 칭
송하거나 동정하는 것은 전혀 수치스런 일이 아니라고 여
기네. 오히려 우리는 거기서 즐거움이라는 이득을 얻는다
고 믿기 때문에 결코 시(詩) 전체를 경멸함으로써 즐거움
을 포기하려 하지 않을 걸세. 그도 그럴 것이 타인의 불운
을 즐기면 그로 인해 자신들도 불운해질 수밖에 없다는
것을 깨닫는 것은 극소수의 사람에게나 가능한 일이라고

나는 생각하기 때문이네. 우리는 남들의 불운에 대해서 느끼는 동정을 정작 우리 자신이 불운을 당했을 때 억제하기란 쉽지 않을 것이네."

"맞는 말씀입니다." 그가 말했네. c

"그렇다면 우스꽝스러운 것과 관련해서도 같은 이치가 아니겠는가? 만약 자네가 직접 행하기는 부끄러워할 만한 익살을 희극적 모방이나 사적인 자리에서 듣는 것을 즐거워하며 나쁜 것으로 여겨 멀리하지 않는다면, 자네는 동정을 느끼는 경우와 똑같이 행동하는 것이네. 자네는 광대라는 평판이 두려워서 자신 속에서 웃기고 싶어 하는 그 부분을 이성으로 억제하였다가, 다시 이완시켜 그것에 활력을 불어넣는다면, 자신도 모르는 사이에 일상 속에서 희극시인이 되기에 이를 걸세."

"물론 그렇습니다." 그가 말했네.

"또한 정욕과 분노, 우리의 모든 행위에 수반된다고 생 d
각하는 영혼 안의 모든 욕구와 고통, 그리고 즐거움과 관련해서도 시적 모방은 우리에게 동일한 결과를 가져온다네. 시들어 없어져야 할 이것들에 물을 주고 가꾸어 우리의 지배자들로 만들기 때문이네. 이것들은 우리가 더 나빠지거나 비참하게 되지 않고 더 낫고 행복해지기 위해서는 오히려 지배받아야 할 대상인데도 말이네."

“저로서는 달리 말할 수가 없군요.” 그가 말했네.

607b 그래서 내가 말했네. “우리는 앞서 시에 그런 성질이 있어서 우리의 국가에서 시를 추방한 것은 당연한 일이었다고 했었는데, 방금 얘기한 것으로도 시에 대한 우리의 태도가 잘 변호된 것으로 하세. 그렇지만 우리가 시로부터 거칠고, 세련되지 못했다는 비난을 듣지 않으려면, 철학과 시는 옛날부터 사이가 나빴다는 사실을 시에게 말해줘야 할 것 같네. (…)”

| 참고문헌 |

박성우. 2007. "플라톤의《메네크세노스》와 아테네 제국의 정체성, 그리고 플라톤적 정치적 삶".《한국정치학회보》41(4): 115-137.

박성우. 2014a. "국익의 철학적 토대와 철학적 국익 추구의 가능성: 플라톤의《알키비아데스》를 중심으로".《국제정치논총》54(3): 9-43.

박성우. 2014b.《영혼돌봄의 정치: 플라톤 정치철학의 기원과 전개》. 서울: 인간사랑.

박성우. 2018. "플라톤 정치철학과 아테네 제국".《21세기정치학회보》28(1): 67-89.

박성우. 2020. "레오 스트라우스의 플라톤주의: 스트라우스 정치철학의 두 테마와 관련하여".《정치사상연구》26(1): 151-180.

Allen, D. 2012. *Why Plato Wrote*. Malden: Wiley-Blackwell.

Andrew, E. 1983. "Descent to the Cave." *Review of Politics* 45(4): 510-535.

Annas, J. 1981. *An Introduction to Plato's Republic*. Oxford: Clarendon Press.

Arendt, H. 1958. *The Human Condition, Charles R. Walgreen Foundation Lectures*. Chicago: University of Chicago Press.

Arendt, H. 1990. "Philosophy and Politics." *Social Research* 57(1): 73-103.

Arendt, H. 2006. *Between Past and Future: Eight Exercises in Political Thought*. New York: Penguin Books.

Beatty, J. 1976. "Plato's Happy Philosopher and Politics." *The Review of Politics* 38(4): 545-575.

Bloom, A. 1968. "Interpretive Essay." *The Republic of Plato*. New York: Basic Books.

Blössner, N. 2007. "The City-Soul Analogy." G. R. F. Ferrari (ed.), *The Cambridge Companion to Plato's Republic*. Cambridge: Cambridge University Press.

Brickhouse, T. C. 1981. "The Paradox of the Philosophers' Rule." *Apeiron* 15(1): 1-9.

Brickhouse, T. C. & N. D. Smith. 1996. *Plato's Socrates*. Oxord: Oxford University Press.

Busch, N. 2008. "International Duties and Natural Law: A Comparison of the Writings of Grotius and Plato." *Interpretation* 35(2): 153-182.

Cooper, J. M. 1977. "The Psychology of Justice in Plato." *American Philosophical Quarterly* 14(2): 151-157.

Dodd, E. R. 1992. *Plato: Gorgias. A Revised Text with Introduction and Commentary*. Oxford: Clarendon Press.

Ferrari, G. R. F. 2005. *City and Soul in Plato's Republic*. Chicago: University of Chicago Press.

Hall, D. 1977. "The Republic and the Limits of Politics." *Political Theory* 5(3): 293-313.

Hansen, M. H. 1991. *The Athenian Democracy in the Age of Demosthenes: Structure, Principles, and Ideology, The Ancient World*. Oxford: B. Blackwell.

Hanson, V. D. 2006. *A War Like No Other: How the Athenians and Spartans Fought the Peloponnesian War*. New York: Random House.

Hyland, D. A. 1990. "Plato's Three Waves and the Question of Utopia." *Interpretation* 18(1): 91-109.

Jang, In Ha. 1996. "The Problematic Character of Socrates' Defense of Justice in Plato's Republic." *Interpretation* 24(1): 85-107.

Kallet, L. 2007. "Athenian Economy." Loren J. Samons II (ed.), *Cambridge*

Companion to the Age of Pericles. Cambridge: Cambridge University Press.

Klosko, G. 1986. *The Development of Plato's Political Theory*. New York: Methuen.

Kofman, S. 1998. *Socrates: Fictions of a Philosopher*. Trans. Catherine Porter. Ithaca: Cornell University Press.

Kraut, R. 1973. "Egoism, Love and Political Office in Plato." *Philosophical Review* 82(3): 330-344.

Kraut, R. 1991. "Return to the Cave: Republic 519-521." *Proceedings of the Boston Area Colloquium in Ancient Philosophy* 7(1): 43-62.

Kraut, R. 1999. "Socrates and Democracy." Gail Fine (ed.), *Plato 2: Ethics Politics Religion and the Soul*. Oxford: Oxford University Press.

Lane, M. 2001. *Plato's Progeny*. London: Gerald Duckworth & Co. Ltd.

Lear, J. 1997. "Inside and Outside the Republi." Richard Kraut (ed.), *Plato's Republic*. Lanham: Rowman & Littlefield.

Monoson, S. 2000. *Plato's Democratic Entanglements: Athenian Politics and the Practice of Philosophy*. Princeton: Princeton University Press.

Nails, D. 1998, "The Dramatic Date of Plato's Republic." *The Classical Journal* 93(4): 383-396.

Ober, J. 1989. *Mass and Elite in Democratic Athens: Rhetoric, Ideology, and the Power of the People*. Princeton: Princeton University Press.

Pangle, T. & P. Ahrensdorf. 1999. *Justice among Nations: On the Moral Basis of Power and Peace*. Kansas City: University Press of Kansas.

Park, Sungwoo. 2015. "The Problematic Character of the City-Soul Analogy in Plato's Republic: Integrating Ethical and Political Arguments and Approving Priority of the Philosophical Life." 《서양고전학연구》 54(3): 51-72.

Planeaux, C. 2000-2001. "The Date of Bendis' Entry into Attica." *The Classical Journal* 96(2): 165-192.

Popper, K. R. 1966. *The Open Society and Its Enemies*. 5th ed., rev.

Princeton: Princeton University Press.

Reeve, C. D. C. 1988. *Philosopher-Kings: The Argument of Plato's Republic*. Princeton: Princeton University Press.

Rhodes, P. J. 2007. "Democracy and Empire." L. J. Samons II (ed.), *Cambridge Companion to the Age of Pericles*. Cambridge: Cambridge University Press.

Sachs, D. 1997. "A Fallacy in Plato's *Republic*." R. Kraut (ed.), *Plato's Republic: Critical Essays*. Lanham: Rowman & Littlefield.

Strauss, L. 1964. *The City and Man*. Chicago: University of Chicago Press.

Strauss, L. 1989. "The Problem of Socrates: Five Lectures." L. Strauss & T. L. Pangle, *The Rebirth of Classical Political Rationalism: An Introduction to the Thought of Leo Strauss: Essays and Lectures*. Chicago: University of Chicago Press.

Syse, H. 2010. "The Platonic Roots of Just War Doctrine: A Reading of Plato's Republic." *Diametros* 23: 104-123.

Tarrant, Harold. 2000. *Plato's First Interpreters*. Ithaca: Cornell University Press.

Thorson, T. L. (ed.) 1963. *Plato: Totalitarian or Democrat?* Englewood: Prentice-Hall.

Vernezze, P. 1992. "The Philosopher's Interest." *Ancient Philosophy* 12(2): 331-349.

Vlastos, G. 1983. "The Historical Socrates and Athenian Democracy." *Political Theory* 11(4): 495-516.

Wallach, J. 1997. "Plato's Socratic Problem, and Ours." *History of Political Thought* 18(3): 377-398.

Williams, B. 1997. "The Analogy of City and Soul in Plato's *Republic*." R. Kraut (ed.), *Plato's Republic: Critical Essays*. Lanham: Rowman & Littlefield.